I0554364

Extra Grafikmaterial von: www.freepik.com
Dank an: Alekksall, Starline, Pch.vector, Rawpixel.com, Vectorpocket, Dgim-studio, Upklyak, Macrovector, Stockgiu, Pikisuperstar & Freepik.com Designers

Kostenlose Online-Spiele Entdecken

Hier Erhältlich:

BestActivityBooks.com/FREEGAMES

5 TIPPS FÜR DEN ANFANG!

1) LÖSUNG DER RÄTSEL

Die Puzzles haben ein klassisches Format :

- Die Wörter sind ohne Abstand, Bindetrich usw… versteckt
- Richtung : vor-& rückwärts, auf & ab oder in der Diagonale (beider Richtungen)
- Die Wörter können übereinanderliegen oder sich kreuzen

2) AKTIVES LERNEN

Neben jedem Wort ist ein Abstand vorgesehen zum Aufschreiben der Übersetzung. Um ihre Kenntnisse zu überprüfen und zu erweitern befindet sich am Ende des Buches ein **WÖRTERBUCH**. Suchen sie die Übersetzungen, schreiben sie sie auf, dann können sie sie in den. Puzzles suchen und ihrem Wortschatz hinzufügen.

3) ANZEICHNUNG DER WÖRTER

Haben sie schon einmal versucht eine Anzeichnung zu verwenden? Sie könnten zum Beispiel die Wörter, die schwer zu finden sind, ankreuzen, die Wörter, die sie lieben, mit einem Stern, neue Wörter mit einem Dreieck, seltene Wörter mit einem Diamant usw … anzeichnen

4) IHR LERNEN ORGANISIEREN

Am Ende dieser Ausgabe bieten wir auch ein praktisches **NOTIZBUCH** an. Ob im Urlaub, auf Reisen oder zu Hause, sie können ihr neues Wissen ganz einfach organisieren, ohne ein zweites Notizbuch zu benötigen!

5) SIND SIE AM SCHLUSS ?

Gehen sie zum Bonusbereich : **MONSTER-HERAUSFÖRDERUNG,** um ein kostenloses Spiel zu finden, das am Ende dieser Ausgabe angeboten wird !

Lust auf mehr Spaß und **Lernaktivitäten? Schnell und einfach :** eine ganze Spielbuchsammlung mit einem einzigen Klick erhaltbar :

Mit diesem Link finden sie ihre nächste Herausforderung :

BestActivityBooks.com/MeineNachsteWortsuche

Achtung, fertig, ... Los !!

Wussten sie, dass es auf der Welt ungefähr 7.000 verschiedene Sprachen gibt ? Wörter sind kostbar.

Wie lieben Sprachen und haben schwer daran gearbeitet, die Bücher von höchster Qualität für sie zu entwerfen. Unsere Zutaten ?

Eine Auswahl von angepassten Lernthemen, drei große Scheiben Spaß, dann fügen wir einen Löffel schwieriger Wörter und eine Prise seltener Wörter hinzu. Wir servieren sie mit Sorgfalt und ein Maximum an Freude, damit sie die besten Wortspiele lösen und Spaß am Lernen haben.

Ihre Meinung ist wichtig. Sie können aktiv zum Erfolg dieses Buches beitragen, indem sie uns eine Bemerkung hinterlassen. Sagen sie uns, was ihnen an dieser Ausgabe am besten gefallen hat !!

Hier ist ein kurzer Link, der sie zu ihrer Bewertungsseite führt

BestBooksActivity.com/Rezension50

Vielen Dank für ihre Hilfe und viel Spaß

Linguas Classics

1 - Gesundheit und Wellness #2

```
F  J  I  G  S  A  N  I  J  M  U  I  W  T  B  T
U  O  C  Z  R  W  U  O  O  K  S  Q  G  J  O  Z
G  D  C  Y  U  L  M  J  M  A  U  T  N  A  L  L
U  W  B  R  M  U  O  R  L  J  A  R  G  N  E  Q
Š  N  C  L  Q  A  L  H  H  N  K  D  T  A  Z  O
H  P  K  A  L  O  R  I  J  A  Y  R  M  T  E  B
R  I  O  S  T  R  E  S  Z  G  B  A  I  O  N  S
H  V  G  R  A  J  I  G  R  E  L  A  M  M  I  V
J  A  K  I  T  E  N  E  G  V  P  E  A  I  M  W
H  R  C  V  E  J  P  K  H  T  J  M  S  J  A  Z
M  D  A  C  I  N  Š  I  N  L  O  B  A  A  T  E
W  Z  P  U  D  A  A  B  Ž  U  K  O  Ž  B  I  B
Y  T  I  T  E  P  A  K  Z  O  E  Q  A  O  V  C
G  K  Q  T  Y  S  Z  F  J  K  T  P  F  E  O  H
R  Z  G  B  N  Y  Y  V  O  U  T  N  R  L  O  P
T  E  Ž  A  J  I  G  R  E  N  E  H  G  M  F  Q
```

ALERGIJA	OKUŽBA
ANATOMIJA	KALORIJ
APETIT	BOLNIŠNICA
KRI	BOLEZEN
DIETA	MASAŽA
ENERGIJA	TVEGANJA
GENETIKA	SPANJE
ZDRAV	ŠPORT
TEŽA	STRES
HIGIENA	VITAMIN

2 - Ozean

```
N J P C F M A W E B Q M U J M F
U E Y I H G O T I A Y Q P L U S
J B V T N O H R O E Z B L Q Y E
Z I G I K B C M S Y W O V E K Z
Z R R D H A J E P K M E D U Z E
E V O L K T J F D B I Ž E L V A
O Y B V V I A Q N I S P B Q T H
R S H B T K Y K R Z Z U E P A N
J U T O N L L T H P Q F A S S K
J G D R G R E B E N I V J R F K
E E D J I H O B O T N I C A T R
G T U N A G M C F I I V Q E J C
U K Y R Q A E L A R O K K R A K
L O S D U Č O L N I F L E D T G
J P L I M O V A N J E Q U I H G
A C I Z O K Y G V A L O V I J R
```

JEGULJA   HOBOTNICA
OSTRIGE   MEDUZE
ČOLN   GREBEN
DELFIN   SOL
RIBE   ŽELVA
KOZICA   GOBA
PLIMOVANJE   NEVIHTA
MORSKI PES   TUNA
KORALE   KIT
RAK   VALOVI

3 - Krankheit

```
H  T  Q  W  E  V  C  G  Y  S  S  H  N  W  T  A
Z  F  H  C  O  N  D  E  D  R  A  L  V  S  I  L
G  M  T  H  L  E  V  L  N  C  K  U  A  R  G  E
R  J  T  H  E  T  I  A  P  E  U  H  J  B  E  R
S  F  R  L  T  J  F  G  W  A  T  B  I  T  N  G
V  I  J  L  Z  E  L  A  N  C  N  P  T  E  S  I
F  T  N  Z  D  R  A  V  J  E  A  I  A  R  K  J
K  S  C  D  D  I  H  A  L  N  E  M  P  A  I  E
I  O  F  C  R  J  K  F  O  L  R  U  O  P  Z  S
S  K  K  V  E  O  N  R  I  N  Q  N  R  I  Z  M
A  I  F  D  P  Q  M  J  O  T  I  O  V  J  S  V
W  E  L  L  N  E  S  S  J  N  D  S  E  A  L  O
S  I  N  U  S  D  N  V  P  F  I  T  N  Z  N  W
B  A  K  T  E  R  I  J  S  K  E  Č  I  S  H  J
P  U  P  H  R  Y  F  C  A  A  I  T  N  F  Z  E
S  B  T  Z  M  L  N  B  Y  A  L  K  B  A  U  N
```

AKUTNA	SRCE
ALERGIJE	IMUNOST
NALEZLJIV	KOSTI
DIHALNE	TELO
BAKTERIJSKE	NEVROPATIJA
KRONIČNA	SLAB
VNETJE	SINUS
DEDNO	SINDROM
GENSKI	TERAPIJA
ZDRAVJE	WELLNESS

4 - Meditation

```
T P C M A W J P P T S U P A J M
S U C E P A A E R N B E M Q M F
O O D G H J S R I G A Y L A I D
N N Č K A B N S J H L R B K R I
Ž V C U Z M O P A Z N A A W E H
E E Y Z T E S E Z K D H S V N A
L Š V I K J T K N T I F E B A N
A U Q G R E E T O G V F M P A J
V D M J I R D I S F M A I O Y E
H E H O U P G V T B N G S Z S L
P L I D A S Y A E S W I L O E W
S G E B T I Š I N A U B I R K T
J O S R E Č A D T J M A F N U N
T P D D F E M I R W O N J O L B
V V R N S Y V U C I O J N S C K
B U D E N B P G I M W E J T U L
```

SPREJEM	SREČA
DIHANJE	JASNOST
POZORNOST	SOČUTJE
GIBANJE	GLASBA
HVALEŽNOST	NARAVA
VPOGLED	PERSPEKTIVA
PRIJAZNOST	MIREN
MIR	TIŠINA
MISLI	UM
DUŠEVNO	BUDEN

5 - Archäologie

```
S  P  T  B  F  P  W  R  N  M  G  J  C  C  F  F
K  L  O  L  Y  L  G  E  E  I  A  G  Z  I  P  O
R  S  P  T  C  I  S  K  A  L  C  L  W  I  M  S
I  I  N  D  O  B  C  I  N  K  I  S  T  S  W  I
V  M  O  P  H  M  F  P  A  O  N  K  R  H  C  L
N  Q  C  I  H  Q  E  A  L  S  B  P  V  C  D  F
O  N  A  N  Z  E  N  C  I  T  O  R  O  I  M  B
S  T  F  W  U  F  M  E  Z  I  R  O  F  L  J  E
T  W  E  A  T  S  B  C  A  D  G  F  E  I  W  A
Q  G  G  M  R  J  J  L  A  Q  D  E  V  B  P  A
Z  G  Y  L  P  A  N  T  I  K  A  S  E  A  B  A
B  B  K  I  T  E  M  D  E  R  P  O  R  Z  I  A
Y  U  Z  W  B  G  L  U  S  M  Z  R  A  O  F  G
F  T  S  J  V  D  P  J  Z  L  T  W  N  P  E  M
Q  M  H  Y  M  S  T  R  O  K  O  V  N  J  A  K
Y  E  G  J  V  R  E  D  N  O  T  E  N  J  E  D
```

ANALIZA	EKIPA
ANTIKA	POTOMEC
VREDNOTENJE	PREDMETI
ERA	PROFESOR
STROKOVNJAK	RELIKVIJA
FOSIL	TEMPELJ
SKRIVNOST	NEZNANO
GROBNICA	POZABILI
KOSTI	

6 - Insekten

```
S  Č  O  H  D  N  Č  O  F  P  R  A  L  K  N  K
S  R  Š  E  N  K  E  R  U  Č  Š  O  I  O  L  A
T  F  M  O  A  M  B  Q  B  R  L  M  Č  M  O  Č
C  O  N  A  R  U  E  Z  M  G  K  T  I  A  P  J
K  F  A  S  Z  H  L  M  J  O  H  J  N  R  H  I
Y  D  C  G  Š  U  A  N  T  S  I  L  K  Y  L  P
A  L  I  F  S  B  S  S  N  F  W  O  A  R  Z  A
Q  A  N  F  G  L  O  H  G  V  E  M  D  H  L  S
D  B  O  G  T  I  J  L  U  T  E  M  Y  D  S  T
I  G  L  S  Č  R  V  T  H  M  A  N  T  I  S  I
J  F  O  O  L  M  U  W  E  A  H  V  M  J  Z  R
M  F  P  H  K  Q  M  B  I  R  N  W  J  C  N  H
V  K  A  M  R  A  V  L  J  A  M  Z  V  T  D  M
F  O  K  O  B  I  L  I  C  A  W  I  M  T  O  P
L  A  I  E  Š  K  R  Ž  A  T  O  N  T  F  S  M
E  C  P  F  Q  G  E  K  L  O  P  P  D  G  C  C
```

MRAVLJA	KAČJI PASTIR
ČEBELA	PIKAPOLONICA
LISTNA UŠ	MOLJ
BOLHA	KOMAR
MANTIS	METULJ
KOBILICA	TERMIT
SRŠEN	OSA
ŠČUREK	ČRV
HROŠČ	ŠKRŽAT
LIČINKA	

7 - Gesundheit und Wellness #1

```
V  B  R  B  B  M  I  N  Q  B  O  V  T  S  M  Z
I  K  K  W  C  Ž  S  A  S  A  Y  I  E  J  E  D
C  O  Y  O  M  I  G  V  O  K  B  Š  R  S  D  R
Y  S  U  R  I  V  V  A  P  T  R  I  A  L  I  A
H  T  V  J  B  C  F  D  A  E  E  N  P  E  C  V
K  I  E  M  P  I  Y  A  N  R  F  A  I  K  I  L
N  L  T  N  S  M  H  W  N  I  L  B  J  A  N  J
S  K  I  N  V  A  R  D  Z  J  E  D  A  R  S  E
A  C  T  N  Q  Ž  S  T  O  E  K  O  K  N  K  N
K  S  S  I  I  O  Y  Z  W  V  S  K  L  A  I  J
T  A  O  O  P  K  Z  L  O  M  Y  Š  A  L  L  E
I  C  R  G  S  W  A  E  Y  P  F  O  K  N  H  H
V  W  P  D  F  A  N  J  Y  C  O  P  O  R  R  N
N  G  S  K  E  J  U  V  Q  Z  M  F  T  K  K  G
O  L  I  V  A  R  D  Z  Q  Q  E  P  A  F  B  Z
H  E  A  I  I  I  U  Z  R  T  S  V  R  P  D  Z
```

AKTIVNO	LAKOTA
LEKARNA	KLINIKA
ZDRAVNIK	KOSTI
BAKTERIJE	ZDRAVILO
ZDRAVLJENJE	MEDICINSKI
SPROSTITEV	ŽIVCI
ZLOM	REFLEKS
NAVADA	TERAPIJA
KOŽA	POŠKODBA
VIŠINA	VIRUS

8 - Obst

```
B R E S K E V W L L W R L J B N
A C I L E R A M W L A O Q A Z H
V M J V F B K N N D Z B I G B B
O B W K I D Š F Ž W J I U O F Q
K S M Y Z K U K C N N D A D M O
A N I L A M R T Y A A A R I A V
D Z P H U P H F M K J R A Č Q B
O G R O Z D J E Z E N Q O J T O
N C P Q B Y J L M J Š U Z E O R
G W H D B T K T I Q E L B S A C
J A B O L K O U T M Č M P L B M
I N K C D V K A H C O W M I S L
Y O O P A P A J A T H N P V T C
I L K N E K T A R I N Y A A W K
I E O N O Z Q H V P A K O E T B
W M S A N A N A N A N A B F G D
```

ANANAS	KIVI
JABOLKO	KOKOS
MARELICA	MELONA
AVOKADO	NEKTARIN
BANANA	ORANŽNA
JAGODIČJE	PAPAJA
HRUŠKA	BRESKEV
ROBIDA	SLIVA
MALINA	GROZDJE
ČEŠNJA	LIMONA

9 - Camping

```
Y O Z Z P H V C S Y O Z F Y T H
S Y R L K S R H H P J E I R G C
N A R A V A V V L Q D M I I F A
L N P P I L T M V W I L A V I Ž
C I J M I U S N I O I J T P N E
Q B L U O R E Z E J D E R F L R
Z A K H F K Ž Y B G U V M K O M
B K U A O Q U Y Y E U I E A V A
Q H B S N H Ž K S C G D F Y F Č
A G O J V U E M B B I L U N A E
W W L E Q Q L I L L Q I I J D S
N K K U D U K R V G U R T Y C I
P O Ž A R C E G O R A Č G K Y V
Š O T O R Z Z Z A B A V N O L R
Q G L T E G O Z D H M E J M D E
S P U S T O L O V Š Č I N A N B
```

PUSTOLOVŠČINA   KOMPAS
GORA   LUČ
POŽAR   LUNA
VISEČA MREŽA   NARAVA
KLOBUK   JEZERO
ŽUŽELKE   VRV
LOV   ZABAVNO
KABINA   ŽIVALI
KANU   GOZD
ZEMLJEVID   ŠOTOR

10 - Zeit

```
H  Q  G  U  K  O  L  Z  W  Q  V  Y  V  W  S  L
P  V  T  F  M  E  S  C  K  C  N  T  I  K  T  W
V  Y  Č  M  U  I  C  E  W  O  W  W  D  E  O  H
S  G  K  E  N  D  L  O  P  O  R  T  U  J  L  E
D  N  O  Č  R  J  U  S  B  S  V  J  Q  V  E  Z
W  A  F  L  Y  A  T  K  O  L  E  D  A  R  T  E
W  D  F  A  C  D  J  V  T  M  K  N  K  K  J  D
L  E  T  N  I  O  E  Z  E  Z  E  R  A  Z  E  E
U  N  F  O  I  G  G  R  L  S  G  S  G  D  U  S
C  Z  Y  K  L  Z  T  E  D  E  N  I  E  D  Y  E
P  R  I  H  O  D  N  O  S  T  Z  V  L  C  W  T
O  F  W  J  H  D  Z  F  M  Z  D  A  J  K  I  L
R  L  V  E  J  M  I  N  U  T  A  M  H  N  P  E
O  T  O  Q  P  T  Q  E  M  T  W  G  G  V  R  T
U  R  A  S  J  E  N  V  U  L  Z  W  R  P  E  J
Z  H  B  J  R  H  O  G  I  Q  M  Z  A  O  D  E
```

ZGODAJ	OPOLDNE
VČERAJ	MESEC
DANES	JUTRO
LETO	PO
STOLETJE	NOČ
DESETLETJE	DAN
LETNI	URA
ZDAJ	PRED
KOLEDAR	TEDEN
MINUTA	PRIHODNOST

11 - Säugetiere

```
A I O R T Z U R M V J Z J T Z T
B B P U C N W M L R B I B I E D
D Ž I Z H B O A C R R F E G G A
M I C J N P A S T J C O M E A K
B R A I G J U R U G N E K R F W
I A Y O O O F E H P U S N I U N
K F I T R A P B G C Q T V V T P
I A O R I N Z O O V C E B M O U
B R A J L V N B W P P H B U J M
N B M N A S O D D E V D E M O A
T E J O A T U L B S C M F N K Q
P Z V K I G P S K B D Z Q C E Z
C J F A C C D L J L O I L E V S
B S A F K P F O L W K S M I A U
A T Z Q N J U N P L I S I C A C
N Q M U H A C V Q Z T G C M U H
```

OPICA	LEV
MEDVED	PUMA
BOBER	KONJ
SLON	PODGANA
LISICA	OVCE
ŽIRAFA	BIK
GORILA	TIGER
PES	KIT
KENGURU	VOLK
KOJOT	ZEBRA

12 - Algebra

```
S  C  F  A  S  L  Š  R  E  Š  I  T  I  M  O  L
E  P  R  W  T  T  C  T  R  P  R  P  J  A  D  I
K  Y  R  K  O  G  I  V  E  K  I  K  Z  T  Š  N
S  Q  M  E  W  G  H  N  W  V  Č  B  N  R  T  E
P  N  D  Z  M  T  B  Z  K  C  I  C  J  I  E  A
O  G  H  B  V  E  Z  G  W  C  N  L  Q  C  V  R
N  I  O  Z  L  A  N  I  Č  I  L  O  K  A  A  N
E  Y  J  G  K  T  D  L  A  J  J  G  E  A  N  O
N  A  B  C  N  O  I  I  J  F  T  Q  M  L  J  D
T  B  Z  T  M  S  N  D  A  I  R  V  O  U  E  R
I  Č  K  Q  U  V  P  W  P  G  V  Y  L  M  R  T
N  A  P  A  Č  N  O  C  G  Y  R  K  U  R  F  K
P  N  P  R  E  Š  I  T  E  V  C  A  A  O  T  U
S  E  P  R  O  B  L  E  M  K  T  E  M  F  Y  V
V  A  Y  G  F  A  K  T  O  R  W  B  S  V  W  Y
N  E  S  K  O  N  Č  N  O  J  D  N  G  J  S  F
```

ULOMEK   MATRICA
DIAGRAM   KOLIČINA
EKSPONENT   NIČ
FAKTOR   ŠTEVILKA
NAPAČNO   PROBLEM
FORMULA   ODŠTEVANJE
ENAČBA   VSOTA
LINEARNO   NESKONČNO
REŠITI   SPREMENLJIVKA
REŠITEV

13 - Philanthropie

```
W F U C T H P C S R E D S T V A
L I G R Q P U E Y G W O N D Q Q
Č L O V E Š T V O S K U P I N E
S T I K I W P A T P T S A A B Y
W S C G H Z R S J T V L Z G A R
F O O L T S O N L E D O R B O D
I N R O S O G M Y P C I L J P N
U P T B U Y R I K L O N A F O T
L U O A C A A S E T D T A H I U
T K H L W P M I Q E S Y R N K C
P S W N R T I J L H W A M E I R
J E I O Z B E A N I D A L M B F
R A N I V O D O G Z C I L J I A
B D V L J U D J E H N B S Q U M
T S O N Š U D O K I L E V F S P
U J F H O Q W P O Š T E N O S T
```

POTREBA   STIKI
POŠTENOST   LJUDJE
FINANCE   ČLOVEŠTVO
SKUPNOST   MISIJA
ZGODOVINA   SREDSTVA
GLOBALNO   DOBRODELNOST
VELIKODUŠNOST   JAVNO
SKUPINE   PROGRAMI
MLADINA   CILJI
OTROCI

14 - Diplomatie

```
N  S  R  K  Z  P  B  T  W  F  R  R  D  N  N  A
L  T  F  H  V  U  O  Y  S  Q  T  D  R  T  U  J
S  U  E  O  C  V  Z  G  M  K  O  Q  Ž  S  M  I
I  E  J  V  E  K  E  B  O  C  D  C  A  O  S  S
K  O  N  F  L  I  K  T  H  D  R  Q  V  N  O  U
S  N  A  O  A  O  Y  O  I  E  B  A  L  Č  N  K
T  T  V  Z  V  S  W  O  K  Š  V  A  J  I  D  S
A  F  O  A  O  K  A  K  I  T  E  O  A  V  S  I
M  B  L  H  T  U  I  R  Z  W  D  R  N  A  R  D
O  K  E  V  E  P  Z  E  E  W  G  C  I  R  A  C
L  E  D  K  V  N  E  M  J  L  C  A  A  P  W  E
P  G  O  Y  S  O  R  E  S  O  L  U  C  I  J  A
I  C  S  C  T  S  A  M  B  A  S  A  D  O  R  D
D  H  L  A  W  T  P  O  L  I  T  I  K  A  S  A
H  U  M  A  N  I  T  A  R  N  A  T  U  M  L  L
C  E  L  O  V  I  T  O  S  T  S  O  N  R  A  V
```

RESOLUCIJA	HUMANITARNA
TUJ	CELOVITOST
SVETOVALEC	KONFLIKT
AMBASADOR	REŠITEV
DRŽAVLJANI	POLITIKA
DIPLOMATSKI	VLADA
DISKUSIJA	VARNOST
ETIKA	JEZIKIH
SKUPNOST	POGODBA
PRAVIČNOST	SODELOVANJE

15 - Astronomie

```
Z W M H O T C W F A S O M Z O K
I V V E S O L J E S U T F J E T
L E E G P W V S Y T P Y T I P R
U Q O Z U C K I Q E E Y D N B C
N Y O M D C C Y P R R G N J L D
A T N L Z A G Q M O N O R T S A
O Z V E Z D J E N I O R E E W H
W T E L E S K O P D V A H T Y O
K I V Z E M L J A G A K E L E P
K L K A I D O Z O K B E Q W Q M
O E K C N K I U U N B T H T U Z
M T B I I O N E B O S A F Q A Y
E A O L J I R O T A V R E S B O
T S P G H W G T E N A L P W F T
H T S E G B O D S C B W T F I J
P Q Z M J N T P O A G S A L D B
```

ASTEROID	MEGLICA
ASTRONAVT	OBSERVATORIJ
ASTRONOM	PLANET
ZEMLJA	RAKETA
NEBO	SATELIT
KOMET	ZVEZDA
OZVEZDJE	SUPERNOVA
KOZMOS	TELESKOP
METEOR	ZODIAK
LUNA	VESOLJE

16 - Geologie

```
K  A  L  C  I  J  V  P  L  A  T  O  O  S  O  C
W  Y  O  I  Q  O  H  O  B  D  C  N  K  T  Z  K
J  I  S  J  V  R  I  Y  T  L  I  H  P  A  H  O
L  A  V  A  N  O  C  M  J  L  V  Q  C  L  F  R
S  T  A  L  J  E  N  G  K  S  I  B  O  A  K  A
H  P  F  I  K  I  S  L  I  N  A  N  V  K  A  L
C  E  P  S  U  L  T  R  B  G  P  R  A  T  M  E
E  B  D  O  C  A  J  I  Z  O  R  E  O  I  E  M
L  M  S  F  D  R  F  Z  M  N  L  E  G  T  N  Z
I  K  J  L  Z  E  I  J  G  G  V  Q  B  Y  W  U
N  R  U  H  Q  N  R  E  V  M  A  U  T  F  S  Y
A  E  W  E  T  I  G  G  P  O  F  L  L  U  A
T  M  W  I  M  M  K  Z  Y  R  A  P  A  K  W  G
S  E  R  T  O  P  U  T  J  H  M  C  E  T  A  P
I  N  Z  N  H  Y  Q  E  N  F  M  O  Y  I  S  N
C  H  W  B  G  P  P  R  D  F  W  A  S  D  A  I
```

POTRES	MINERALI
EROZIJA	PLATO
FOSIL	KREMEN
STALJEN	SOL
GEJZIR	KISLINA
VOTLINA	STALAGMITI
KALCIJ	STALAKTIT
CELINA	KAMEN
KORALE	VULKAN
LAVA	CONA

17 - Wissenschaft

```
Q  V  C  K  P  G  E  T  N  W  N  Q  R  P  G  A
Z  K  I  N  E  V  T  S  N  A  N  Z  Y  O  R  N
B  N  D  R  J  M  R  F  E  N  I  L  T  S  A  R
M  N  Q  E  A  I  I  S  H  M  C  N  N  K  V  V
E  O  D  J  N  A  W  K  A  F  L  D  A  U  I  L
Z  V  L  S  Y  N  U  W  A  Z  E  N  R  S  T  A
I  T  O  E  Q  I  S  O  K  L  D  G  A  P  A  B
N  S  W  L  K  Q  B  J  I  H  I  R  V  O  C  O
A  J  I  E  U  U  Q  Y  Z  N  K  J  A  D  I  R
G  E  W  F  O  C  L  M  I  P  T  F  A  N  J  A
R  D  N  G  N  Y  I  E  F  D  A  V  D  E  A  T
O  E  B  R  K  D  S  J  U  I  D  I  O  B  P  O
T  G  A  T  O  M  O  S  A  D  O  W  T  J  F  R
M  E  W  O  F  M  F  F  S  A  P  H  E  E  E  I
H  I  P  O  T  E  Z  A  Z  N  Y  H  M  A  D  J
V  Z  K  M  I  N  E  R  A  L  I  W  N  P  R  D
```

ATOM	MINERALI
KEMIKALIJA	MOLEKULE
PODATKI	NARAVA
EVOLUCIJA	ORGANIZEM
POSKUS	DELCI
FOSIL	RASTLINE
HIPOTEZA	FIZIKA
PODNEBJE	GRAVITACIJA
LABORATORIJ	DEJSTVO
METODA	ZNANSTVENIK

18 - Bildende Kunst

```
F  S  L  A  K  H  F  V  B  K  I  N  T  E  M  U
O  A  K  K  B  U  I  Y  F  R  Z  P  P  N  D  Q
T  F  R  U  E  Z  L  O  F  E  L  O  E  M  L  A
O  T  W  H  L  R  M  S  W  D  T  R  R  A  B  M
G  K  L  M  I  P  A  V  B  A  S  T  S  R  A  A
R  E  H  T  S  T  T  M  U  C  O  R  P  V  V  D
A  B  G  T  E  L  E  U  I  V  N  E  E  Z  O  U
F  C  U  Z  J  H  P  K  R  K  L  T  K  S  S  E
I  A  R  W  V  J  K  I  T  A  A  B  T  F  E  U
J  S  V  I  Č  N  I  K  U  J  O  I  S  K  U
A  K  J  A  Z  V  Y  P  E  N  R  L  V  L  O  N
M  O  J  S  T  R  O  V  I  N  A  A  A  I  G  U
S  E  S  T  A  V  A  O  Y  K  V  J  F  K  L  C
F  L  S  F  L  B  M  I  M  G  T  O  S  A  J  M
Y  A  N  E  J  B  F  U  R  F  S  T  M  Z  E  Q
H  G  L  I  N  A  E  J  L  A  U  S  L  Q  D  A
```

ARHITEKTURA	LAK
SVINČNIK	MOJSTROVINA
FILM	PERSPEKTIVA
FOTOGRAFIJA	PORTRET
SLIKA	SKULPTURA
OGLJE	STOJALO
KERAMIKA	PEN
USTVARJALNOST	GLINA
KREDA	VOSEK
UMETNIK	SESTAVA

19 - Mythologie

```
U V N C M G W P N E B E S A L B
S B E Q O O K I N V E J O B F N
T K S B R G Č T N I R I B A L G
V A M J G L P E L E R T S K T E
A T R E O Z M H F J E B K N J J
R A T J J Č A R O B N O I Y M N
J S N N U M K A U E A V N T N A
A T O E N I U I B D T H T S J V
N R S D A M C S D S P U R A O E
J O T E K G T S O Q Y N M Š Q Č
E F J V R I Z M K B L H S O H Š
R A K L R O J N B P U V V P A A
C F V D J N M N U U B J Z N U M
F A D K U L T U R A M K L K H V
S O Z P Q V C F L U K Q L D Y I
W Z O R W G B U N L E G E N D A
```

ARHETIP	KULTURA
STRELE	LABIRINT
GROM	LEGENDA
LJUBOSUMJE	ČAROBNO
JUNAK	POŠAST
NEBESA	MAŠČEVANJE
KATASTROFA	MOČ
USTVARJANJE	SMRTNI
BITJE	NESMRTNOST
BOJEVNIK	VEDENJE

20 - Restaurant #2

```
Y O H B H L C A M V Ž N B D A F
D O P U J S W T W E L Y S W O O
R I B E B M C O N Č I L D O A R
O P N O C S P C T E C M F G U M
P I J A Č A N Z B R A S O L S V
U C B H S O P A C J P F L L E D
P N O U T S L T A E A I M B S
R A U J P J O A E A J T S J Z F
E Z V S E L J L F N K T O R T A
D E Z E L E N J A V A A K V I T
J R S B J J V C E C B G R O B K
E O O M L D M R T J B J K D S D
D M L I R A U V I L I C E A L T
V R A Č F S V C C S C N T I Y C
L J T A C Y K V N R U N K K Q D
W J A Z U A P O R D T C M N R S
```

VEČERJA
LED
RIBE
SADJE
VILICE
ZELENJAVA
PIJAČA
ZAČIMBE
NATAKAR
ODLIČNO

TORTA
ŽLICA
KOSILO
REZANCI
SOLATA
SOL
STOL
JUHA
PREDJED
VODA

21 - Ökologie

```
A Y Z R M E S F F L E W E N O M
I T A A Z J U L A E W I D I W V
I T P S V T Š O V H K L I F R K
T S E T O E A R N V R S T E B P
V O F L H V G A A O U I D D Y R
V K W I H I B E I N V A R A N O
P I V N L Ž B R T L H M C B Y S
O L R E M E N O C A U J D B Y T
D O U I O R U G U B C N N H C O
N N E G Č P F N M O B I J N N V
E Z N F V I I C A L L T J T V O
B A B B I K K D P G O Q N A V L
J R Y Y R S K U P N O S T I I J
E D R C J R H A B I T A T M T C
Y W T E E O N A R A V A Q J A I
G B F L D M T R A J N O S T N O
```

VRSTE	MORSKI
GORE	TRAJNOSTNO
SUŠA	NARAVA
FAVNA	NARAVNI
FLORA	RASTLINE
PROSTOVOLJCI	VIRI
SKUPNOSTI	MOČVIRJE
GLOBALNO	PREŽIVETJE
PODNEBJE	VEGETACIJA
HABITAT	RAZNOLIKOST

22 - Schokolade

```
R O K D A L S U K O K Q D O Y N
A J D P D P K J E S T I B Y W M
R T A L J N P A N O H Q I T Z C
O J L T I J O P L K C A C A O Q
M K D E R Č K N O O C A R Y K K
A A D D E N N Q T K R R Z P D A
S K I L C D E O T S S I V A A R
E O Q Y E A R A Š I D I J W L A
S V C C P P G E H M Y S P C S M
T O J H T E K S O T I Č N O K E
A S O A E N A J L J U B Š I E L
V T A N T I O K S I D A N T H A
I A A K D H R E P E N E N J E A
N F C C A I T Z H E S M Q I L N
A K C K U A Q H Y G Z S U H P Q
W C V Z H G U M U V L V Q M D S
```

ANTIOKSIDANT
AROMA
GRENKO
ARAŠIDI
JESTI
EKSOTIČNO
NAJLJUBŠI
OKUS
CACAO
KALORIJ

KARAMELA
KOKOS
ODLIČNO
PRAH
KAKOVOST
RECEPT
SLADKO
HREPENENJE
SLADKOR
SESTAVINA

23 - Boote

```
B  I  A  F  C  A  F  D  J  Q  C  Y  Z  S  N  M
K  O  D  A  D  T  B  V  Y  Z  M  T  H  K  M  O
Q  Q  J  R  E  Š  I  L  N  I  Č  O  L  N  K  R
V  R  V  A  L  P  S  Y  T  J  J  Q  M  R  A  J
K  B  V  K  I  P  E  K  J  A  Q  T  D  E  N  E
B  N  A  E  C  O  E  F  E  D  A  Q  Q  O  U  B
O  B  L  R  M  L  U  W  Z  R  T  Z  H  F  F  E
C  R  O  O  Q  O  E  W  E  N  K  A  J  A  K  S
T  I  V  B  E  L  T  F  R  I  J  A  H  T  A  I
R  K  I  M  T  Q  D  O  O  C  H  L  T  B  G  D
A  K  D  A  S  O  P  Q  R  A  A  Q  C  W  D  R
J  U  Z  J  O  G  K  B  Z  S  N  G  Z  T  L  O
E  A  C  C  J  R  E  E  V  L  W  I  S  Q  S  K
K  U  D  B  A  B  S  F  K  W  W  B  V  N  U  F
T  N  A  V  T  I  Č  N  O  T  C  E  B  E  U  T
B  L  M  P  B  V  W  I  S  K  O  U  E  B  K  Z
```

SIDRO	MORJE
BOJA	MOTOR
POSADKA	NAVTIČNO
DOK	OCEAN
TRAJEKT	REŠILNI ČOLN
SPLAV	JEZERO
REKA	JADRNICA
KAJAK	VRV
KANU	VALOVI
JAMBOR	JAHTA

24 - Stadt

```
T R V I K S L A V I Ž A M K A K
E Č Š I L A T E L P L C A Z J N
K J A W D L F T E J H Z L B T J
R L J K E O V K T T J O M P U I
A N I N Č Š M N O G K I N O K G
M T C N Š Z O J H R P F E V T A
R I A B I G Y I S T A D I O N R
E Q R D L K I Ž R U N Q Q Y R N
P Q V V A Q A N R A K E P L I A
U O A E D O Z I L O T C G Y Z T
S W T M E P R C R Q B L I J B N
Y A S Q L M E A N R A K E L O P
T H E C G U V C V E T L I Č A R
T R R V M Z I G A L E R I J A Y
G W Y M Z E N B A N K A I T N G
H S G L B J U J R L Z T L A B N
```

LEKARNA	KLINIKA
BANKA	TRG
PEKARNA	MUZEJ
KNJIŽNICA	RESTAVRACIJA
CVETLIČAR	ŠOLA
KNJIGARNA	STADION
LETALIŠČE	SUPERMARKET
GALERIJA	GLEDALIŠČE
HOTEL	UNIVERZA
KINO	ŽIVALSKI VRT

25 - Aktivitäten

```
G  Z  Y  R  C  G  V  A  T  R  G  I  P  H  B  A
O  Q  K  H  F  I  R  K  A  K  I  M  A  R  E  K
U  Ž  I  T  E  K  T  T  I  B  E  B  M  Z  P  I
W  A  S  G  W  R  N  I  T  G  R  U  O  K  W  L
P  O  P  Z  I  N  A  V  R  L  R  A  K  L  B  S
R  K  R  U  Q  R  R  N  B  N  Y  E  N  A  O  U
P  A  O  Z  H  R  J  O  O  Y  G  J  P  J  L  V
L  M  S  T  W  Z  E  S  I  N  Y  N  R  I  E  O
E  P  T  T  S  O  N  T  E  M  U  A  O  G  J  L
S  I  I  W  U  Y  J  V  M  B  N  V  S  A  N  A
R  R  T  D  I  U  E  E  L  N  D  I  T  M  E  D
M  A  E  R  I  Y  O  Z  O  A  Z  Š  I  J  T  M
S  N  V  M  A  A  Q  G  I  U  J  L  Č  H  E  C
A  J  I  F  A  R  G  O  T  O  F  A  A  Y  L  M
T  E  B  G  J  A  P  P  V  J  D  T  S  Q  P  H
P  O  H  O  D  N  I  Š  T  V  O  Q  D  V  E  T
```

AKTIVNOST	UMETNOST
RIBOLOV	OBRTI
KAMPIRANJE	BRANJE
SPROSTITEV	MAGIJA
FOTOGRAFIJA	ŠIVANJE
PROSTI ČAS	IGRE
VRTNARJENJE	PLETENJE
SLIKA	PLES
LOV	UŽITEK
KERAMIKA	POHODNIŠTVO

26 - Bienen

```
C V E T N I P R A H D I M R S V
N M L J N A P D N Q E L K A O O
J D P C D G Y M H F M L Y Z N S
U F Q H R A C I J L A R K N C E
R W R H P L S A O O V J G O E K
G P W S V I E P T N R Q R L B D
I S C T I R J I E M T P N I H I
O S B Y H K T E V C R E Ž K J V
P A M Y U R E V E Z B K U O F L
I D S G B B V O N W U O Ž S C M
N P F F A K C B I S M S E T Q T
O P R A Š E V A L E C I L E F O
H A B I T A T B T I P S K D S E
L H H E R Q D A S P R T E B H M
A U Y N A P I O A N P E G K N L
M A R O N T S I R O K M C V E M
```

OPRAŠEVALEC	HABITAT
PANJ	EKOSISTEM
CVETJE	RASTLINE
CVET	CVETNI PRAH
KRILA	DIM
SADJE	ROJ
VRT	SONCE
MED	RAZNOLIKOST
ŽUŽELKE	KORISTNO
KRALJICA	VOSEK

27 - Wissenschaftliche Disziplinen

```
B C P Q W H C E S R U J S W K K
A B Z Q Q C O K N L S Y P Y K Q
A A J I G O L O I B O T N A F O
M N H E G G I L F I C H K C V A
Q E A A J I G O L O I Z E N I K
V O H T C O M G T K O W C K S A
G Z K A O A E I D E L U M M B J
R B E H N M P J L M O P Y D O I
S Z M R K I I A J I G O L O E G
L Q I N H N K J F J I F I T W O
N P J C Z L G A A A J A C F B L
G L A K I N A T O B A R B W O O
J E Z I K O S L O V J E C R R N
F I Z I O L O G I J A H B O C U
B N A R H E O L O G I J A K S M
M I N E R A L O G I J A K L L I
```

ANATOMIJA	KINEZIOLOGIJA
ARHEOLOGIJA	JEZIKOSLOVJE
BIOKEMIJA	MEHANIKA
BIOLOGIJA	MINERALOGIJA
BOTANIKA	EKOLOGIJA
KEMIJA	FIZIOLOGIJA
GEOLOGIJA	SOCIOLOGIJA
IMUNOLOGIJA	

28 - Vögel

```
V B S N U C Z O T S I E C F A S
U R S Z H V N N J O M Q O P I N
N U A P A P I G A V R A V E N Y
O E C B U Z V G J A K Y E O P U
J V A R E P G L L Q U H W H I Z
R A R G P C N S K H K F N D Š N
M Y J R A D I G R K A M V O Č M
Q V D C Z L P Z O B V D O B A L
C A Z K E F E A T G I J E R N E
Č A P L J A U B Š P C P P H E R
F L A M I N G O G E A A U L C O
I R G B C A T L B L M V K P D S
Y J I L L R F O U I F R G J S M
Q V V S Y V B G H K L P K O G N
O D U J J A P S M A E A O N O Z
W Z A V E Q S N W N W M K T S Z
```

OREL	PAPIGA
JAJCE	PELIKAN
RACA	PAV
SOVA	PINGVIN
FLAMINGO	RAVEN
GOS	ČAPLJA
PIŠČANEC	LABOD
VRANA	VRABEC
KUKAVICA	ŠTORKLJA
GALEB	GOLOB

29 - Biologie

```
D  S  R  T  Y  Y  C  O  M  D  R  J  M  R  I  Q
P  Z  E  E  L  T  Q  S  J  B  V  K  U  A  P  W
A  F  S  S  A  T  Z  M  B  Y  D  K  T  S  R  G
V  W  P  Y  A  V  O  O  N  L  Z  O  A  T  B  O
Y  K  A  E  J  L  W  Z  R  O  D  E  C  L  N  G
A  K  N  V  I  Y  E  A  V  Z  N  W  I  I  C  B
Z  J  I  W  M  E  Y  C  E  V  I  Ž  J  N  V  M
E  D  S  I  O  U  N  O  R  V  E  N  A  E  N  S
T  G  O  T  T  M  E  C  P  L  A  Z  I  L  E  C
N  F  Z  Y  A  L  G  W  I  C  E  L  I  C  A  T
I  A  D  Q  N  B  A  N  O  M  R  O  H  N  Q  T
S  D  R  A  A  Q  L  K  R  O  M  O  S  O  M  R
O  A  H  A  Y  D  O  E  V  O  L  U  C  I  J  A
T  T  M  A  V  W  K  E  D  O  R  A  Z  V  N  S
O  J  J  V  L  N  S  I  M  B  I  O  Z  A  P  Y
F  Z  V  P  E  N  I  V  O  K  A  J  L  E  B  C
```

ANATOMIJA	NEVRON
KROMOSOM	OSMOZA
ZARODEK	RASTLINE
ENCIM	FOTOSINTEZA
EVOLUCIJA	BELJAKOVINE
HORMON	PLAZILEC
KOLAGEN	SESALEC
MUTACIJA	SIMBIOZA
NARAVNI	SINAPSE
ŽIVEC	CELICA

30 - Elektrizität

```
N  C  I  T  E  M  D  E  R  P  M  Y  E  E  B  S
E  Q  S  V  E  Y  I  C  Z  K  S  S  N  L  A  K
V  U  L  R  Q  L  S  I  B  V  K  V  P  E  T  L
I  T  E  K  R  N  E  Ž  J  T  T  T  T  K  E  A
T  U  I  H  B  Y  B  V  A  V  S  J  U  T  R  D
I  H  W  Č  D  A  K  L  I  T  E  V  S  R  I  I
Z  G  I  W  N  L  Y  J  A  Z  T  N  M  I  J  Š
O  U  N  V  B  I  A  Y  W  Q  I  J  A  Č  A  Č
P  F  Č  Q  N  E  C  L  O  G  W  J  Q  A  T  E
O  F  I  O  E  E  U  A  R  B  G  B  A  R  H  N
O  P  R  E  M  A  N  E  G  A  T  I  V  N  O  J
T  Q  T  E  N  G  A  M  T  E  L  E  F  O  N  E
C  J  K  C  S  G  E  N  E  R  A  T  O  R  M  R
E  K  E  S  S  A  K  O  L  I  Č  I  N  A  Q  U
Y  Y  L  E  I  S  L  K  A  B  E  L  M  S  B  A
Q  Q  E  O  M  R  E  Ž  J  E  G  B  H  K  N  B
```

OPREMA
BATERIJA
ŽICE
ELEKTRIČAR
ELEKTRIČNI
TELEVIZIJA
GENERATOR
KABEL
SKLADIŠČENJE
SVETILKA

LASER
MAGNET
KOLIČINA
NEGATIVNO
OMREŽJE
PREDMETI
POZITIVEN
VTIČNICA
TELEFON

31 - Garten

```
S  Q  H  L  Y  E  U  N  K  H  B  E  J  F  D  N
L  V  A  I  B  O  A  C  E  V  V  C  F  H  Z  F
W  H  Y  J  S  I  O  F  Y  S  E  P  O  L  K  O
S  T  J  G  G  A  T  G  G  U  R  C  R  Y  G  B
R  C  K  Q  Z  A  Ž  E  R  M  A  Č  E  S  I  V
G  G  R  A  B  L  J  E  C  S  N  T  H  S  T  T
K  R  M  P  F  K  N  M  E  Y  D  E  S  A  E  R
S  Y  M  D  A  T  G  P  Z  H  A  R  A  D  V  A
D  R  E  V  O  O  G  R  A  J  A  A  V  O  C  M
Q  K  F  S  W  C  S  V  U  I  J  S  Y  V  H  P
A  T  N  C  Y  W  S  I  Z  A  B  A  H  N  R  O
D  C  P  F  J  L  Q  N  S  T  R  V  J  J  I  L
T  S  H  R  V  M  K  A  Ž  A  R  A  G  A  B  I
S  V  V  C  Q  K  A  Q  P  P  B  A  C  K  N  N
T  R  A  V  A  F  F  A  V  O  E  T  T  G  I  K
E  B  F  V  I  L  E  V  E  L  P  O  H  A  K  V
```

KLOP	TRATA
DREVO	GRABLJE
CVET	LOPATA
PRST	CEV
GRM	RIBNIK
GARAŽA	TERASA
VRT	TRAMPOLIN
TRAVA	PLEVEL
VISEČA MREŽA	VERANDA
SADOVNJAK	OGRAJA

32 - Antarktis

```
H  B  P  O  D  T  V  N  O  G  L  C  E  D  Z  D
Y  V  A  O  Y  I  D  T  K  E  L  W  J  K  I  T
R  U  R  Y  L  E  M  M  O  O  U  V  N  J  S  H
S  V  U  N  Q  O  N  L  L  G  H  M  A  K  Q  C
T  K  T  G  M  M  T  J  J  R  Y  H  J  O  O  E
T  M  A  M  C  F  E  O  E  A  J  C  N  W  V  L
O  I  R  L  D  W  O  T  K  F  B  P  A  P  S  A
P  G  E  A  N  D  I  E  B  I  V  O  R  T  E  V
O  R  P  W  B  A  A  I  L  J  Q  U  H  J  L  O
G  A  M  T  V  A  T  P  E  A  H  E  O  Y  I  K
R  C  E  J  I  Y  D  A  D  N  U  I  S  P  Q  S
A  I  T  J  L  C  U  W  M  I  N  E  R  A  L  I
F  J  L  O  A  Q  E  K  J  L  O  M  E  U  D  Z
I  A  R  M  Z  F  M  J  K  E  J  E  L  H  E  A
J  L  E  D  E  N  I  K  I  C  G  R  L  L  N  R
A  W  P  M  Y  V  O  D  A  A  V  V  I  Y  K  N
```

ZALIV	MIGRACIJA
LED	MINERALI
OHRANJANJE	TEMPERATURA
SKALNATA	TOPOGRAFIJA
RAZISKOVALEC	OKOLJE
GEOGRAFIJA	PTICE
LEDENIKI	VODA
POLOTOK	VREME
CELINA	VETROVI

33 - Fahren

```
W W H B G T N L G C K M J P W G
D U Y G Z E O Y H B H G O T G O
Z E M L J E V I D G E I Q M B R
C O Q S D M I R J R J S T O E I
P T S U B O T V A C N E C I L V
K W C V G T S O R T I H Y Q A O
A Y J Y J O A O L V J A A P Z B
J L Y M L R Z A V O R E T V P Z
N E S R E Č A P E O T P E A T L
R K N E N L S U R O Z O P F G O
O I W O U K Z U H E R P V C O G
V C Z T T E M O R P V W L D C A
O O P O L I C I J A I O L I U R
T T S O N R A V Z U R F Z W N A
L O N E V A R N O S T Y Y W U Ž
F M Q W D S F Y S W E M F R M A
```

AVTO	TOVORNJAK
ZAVORE	MOTOR
GORIVO	MOTOCIKEL
AVTOBUS	POLICIJA
GARAŽA	VARNOST
PLIN	PREVOZ
NEVARNOST	TUNEL
HITROST	NESREČA
ZEMLJEVID	PROMET
LICENCA	POZOR

34 - Physik

```
M O T A F C Q E Y L Q E Z F O L
E W F C E S C Q K J B B Z H R V
H I O N M O L E K U L A Y M J Z
A S R E Y A J I L A K I M E K I
N H M V M K M W R E G A F Z S M
I P U K S P D M F Z D D Y I B O
K L L E N O K S R D E J Y T G T
A I A R T S O N V I T A L E R O
H N H F Y K Y C L M D T C N L R
J I F H L U D K Y N A O K G P A
F O T N T S M H P R A T W A L P
M E D R P E M K Y V I S Z M B A
F A F F O D B V B L Y O D D F N
K E Š E P S O P D M R G M A S A
L L V S O N T E L E K T R O N P
U N I V E R Z A L N O B F D Q J
```

ATOM	HITROST
POSPEŠEK	MAGNETIZEM
KAOS	MASA
KEMIKALIJA	MEHANIKA
GOSTOTA	MOLEKULA
ELEKTRON	MOTOR
POSKUS	JEDRSKO
FORMULA	DELEC
FREKVENCA	RELATIVNOST
PLIN	UNIVERZALNO

35 - Bücher

```
L W R N O Š T U W I P D L A V T
I J O Q N J A B D K U V O L M R
T B K I T Z V L W S R O A W S A
E P F A N W K B J N V J G U B G
R C E L A R B Z J I P N W R Q I
A M N S V Z C G A V V O A U U Č
R T S K E T N O K O I S J R S N
N W Y S L M A D C D Z T I E T O
O S R Y E C M B J O N M Z P H S
D R R M R W O A Y G A P E S T A
D T Q Z B I R K A Z J G O K H V
E Q K B A T B J J P D T P I Q F
H C N Z H Q A O I I L D L W C W
Y G D U L Z Y D R S J N I W Q Z
W M B V Y S M V E N I O E W V A
T Q P Y L L T I S O V A V T O R
```

AVTOR

DVOJNOST

EPSKI

IZNAJDLJIV

PESEM

ZGODBA

PISNO

ZGODOVINSKI

ŠALJIV

ZBIRKA

KONTEKST

BRALEC

LITERARNO

POEZIJA

RELEVANTNO

ROMAN

STRAN

SERIJA

TRAGIČNO

36 - Menschlicher Körper

```
B  I  A  E  C  D  M  Y  P  S  B  Y  D  R  K  U
K  R  N  J  H  A  W  K  R  V  R  A  T  V  Y  T
Q  K  A  K  O  R  C  G  S  O  N  Ž  D  V  D  R
W  R  M  D  Y  Q  W  N  T  D  I  O  U  C  Z  U
S  H  A  Z  A  R  B  O  Q  R  F  K  T  K  W  S
M  R  Y  M  V  U  R  A  T  F  M  Y  K  I  P  T
O  W  C  C  A  G  O  N  F  N  T  C  E  Z  Z  A
Ž  K  T  E  L  I  Z  V  K  O  M  O  L  E  C  Č
G  O  A  F  G  G  L  E  Ž  E  N  J  B  J  O  E
A  L  A  O  E  Y  H  O  F  F  U  P  O  P  Z  L
N  E  L  L  A  Z  Z  U  O  K  H  D  Z  J  G  J
I  N  H  U  Q  T  U  U  D  E  C  F  T  R  I  U
F  O  H  H  T  Q  J  F  G  I  Q  E  B  U  M  S
V  Q  O  O  V  P  B  D  J  A  G  U  G  A  L  T
L  W  Y  C  E  G  H  T  I  V  K  V  Q  V  M  H
I  R  M  R  G  D  O  H  M  B  D  H  D  K  M  P
```

NOGA	ČELJUST
KRI	BRADA
KOMOLEC	KOLENO
PRST	GLEŽENJ
MOŽGANI	GLAVA
OBRAZ	USTA
VRAT	NOS
ROKA	UHO
KOŽA	RAMA
SRCE	JEZIK

37 - Agronomie

```
R Y S Y W T H A J I G O L O K E
M E W Y H C V E H K M N P R S T
U O F M W I K S L E Ž E D O P Y
Š N Q Q W P K Q L K I F T A R O
Z T G W E M I M J E M P L S O V
N S U Y Y G L B M H C G E V I T
A O Y D E A M O Q A D L N O Z S
N N P W I Z A L U W C B E K V J
O J G I K J V E D K R O R O O I
S A Z L S B A Z V O D A G L D T
T R P K N Y J N F E H W I J N E
V T B L A K N I I W V M J E J M
I H C I G J E N I L T S A R A K
B U A K R T L G N O J I L O Q N
A J I Z O R E Y Z V W T Y J Y W
K Q T F A G Z R A S T O M Z R D
```

PRST
GNOJILO
ENERGIJA
EROZIJA
ZELENJAVA
BOLEZNI
KMETIJSTVO
PODEŽELSKI
TRAJNOSTNO
ORGANSKI

EKOLOGIJA
RASTLINE
PROIZVODNJA
ŠTUDIJA
SISTEMI
OKOLJE
RAST
VODA
ZNANOST

38 - Landschaften

```
T  R  I  Z  J  E  G  B  T  L  P  U  N  W  M  T
K  E  R  L  A  N  U  G  A  L  L  A  M  B  D  U
E  Q  F  K  M  K  O  E  I  M  A  V  L  P  O  H
N  S  P  I  A  O  E  J  Q  D  Ž  A  M  S  L  R
L  A  A  N  G  V  C  R  Z  A  A  Č  O  Y  I  I
L  E  D  E  N  A  G  O  R  A  R  Š  Č  A  N  B
L  O  D  D  I  R  B  M  A  E  D  U  V  D  A  D
E  A  W  E  B  M  Q  E  M  U  N  P  I  V  C  S
R  Z  Q  L  W  H  B  A  E  Z  U  P  R  E  D  U
L  A  Y  I  B  A  W  C  N  K  T  V  J  U  H  L
E  U  A  H  A  T  C  K  H  O  I  U  E  H  G  G
Z  J  W  E  E  D  S  V  U  T  I  L  Q  P  Z  Y
M  W  M  H  J  E  Z  E  R  O  B  K  G  O  R  A
F  R  R  W  B  P  E  D  B  L  J  A  O  K  H  W
M  B  F  L  Q  M  F  K  M  O  P  N  F  T  G  K
S  V  V  E  V  M  J  I  C  P  V  R  B  P  O  I
```

GORA	MORJE
LEDENA GORA	OAZA
REKA	JEZERO
GEJZIR	PLAŽA
LEDENIK	MOČVIRJE
POLOTOK	DOLINA
JAMA	TUNDRA
HRIB	VULKAN
OTOK	SLAP
LAGUNA	PUŠČAVA

39 - Abenteuer

```
P  P  P  O  T  O  V  A  N  J  A  N  N  L  I  P
U  R  R  G  I  Y  K  G  R  Q  L  A  T  E  T  R
Y  N  I  I  N  A  R  A  V  A  L  V  S  P  I  I
P  F  D  P  J  P  O  G  U  M  E  I  O  N  O  L
I  V  L  L  R  A  N  W  T  I  Y  G  N  T  E  O
B  Q  D  Z  O  A  T  S  O  N  R  A  V  A  R  Ž
D  M  Z  U  E  Q  V  E  J  Y  I  C  I  Q  A  N
N  J  M  G  Q  T  T  A  L  Y  S  I  T  T  R  O
R  Y  H  P  H  O  A  W  I  J  E  J  K  S  Q  S
Q  B  G  F  I  S  O  C  C  U  I  A  A  O  L  T
N  E  V  A  R  N  O  N  D  L  A  N  P  N  T  W
P  R  E  S  E  N  E  T  L  J  I  V  O  V  O  N
O  I  K  C  L  E  J  N  E  Š  U  D  V  A  N  D
N  E  N  A  V  A  D  N  O  L  O  C  G  Ž  M  D
L  U  L  J  Q  I  R  L  F  V  Z  S  F  E  N  M
V  E  S  E  L  J  E  M  K  D  P  I  H  T  V  S
```

AKTIVNOST	POTOVANJA
IZLET	ITINERAR
NAVDUŠENJE	LEPOTA
PRILOŽNOST	TEŽAVNOST
VESELJE	VARNOST
PRIJATELJI	POGUM
NEVARNO	NENAVADNO
NARAVA	PRESENETLJIVO
NAVIGACIJA	PRIPRAVA
NOVO	CILJ

40 - Flugzeuge

```
I A E A P F V N T F U V D U T V
Z R A K I I O F E P O V I R O G
G Q N T L J D K M B K L Z M P P
L M C E O R I Y V N O Z A O Z O
W A W F T E K A C P A R J T Z S
T U R B U L E N C A G P N O L A
K U T I E E M T N N O P I R B D
V H F V B P E H W I D C L H Z K
G I P Y N O R I Z V G G I P N A
P C Š D N R V D J O B A L O N I
O E L I E P V M P D F W R T S O
T S D V N P Y D B O O Z Y S D Z
N W A D E A G T B G C R K E F K
I K R E E V K F Y Z H Q Z S T J
K P U S T O L O V Š Č I N A N N
I A T M O S F E R A J N D A R G
```

PUSTOLOVŠČINA
SESTOP
ATMOSFERA
NAPIHNI
BALON
GORIVO
POSADKA
DIZAJN
ZGODOVINA
NEBO

VIŠINA
GRADNJA
ZRAK
MOTOR
POTNIK
PILOT
PROPELERJI
TURBULENCA
VODIK
VREME

41 - Haartypen

```
L C B W P L T E H I Q R C I K S
A T I V O L A V B L Z W J N R I
K T U V Z D E P I C V I A C A V
P G D L L E I T S A R D O K T A
T T L B V B H I E B E L A K E C
Q F P R C E T B W N H I G O K M
T Z D D B L S J O M O E L D Č K
I T A O R Q A U A D K T O R R I
U C H W J G Š S H V H A D I N T
S I J O Č E C G A E N N F A E R
R S L I N O L O O J M E O L F C
P L I O Z I P A F R Q K L E Y J
C Z T Z J J G V P C B W B D Z K
Y Q W F Q Z N I M N D E P K M L
L C Z D R A V I Z Q J F R A P U
U Q L E B H J J U V A C O S E T
```

BLOND	DOLGA
RJAV	KODRI
DEBEL	KODRASTI
TANEK	ČRNA
PLETENO	SREBRO
ZDRAV	SUHA
SIJOČE	MEHKO
SIVA	BELA
PLEŠAST	VALOVITA
KRATEK	KITE

42 - Essen #1

```
Y E B Z L S B Z Y Q I Š E K O M
K W Z Q F C O K E L M P E A N M
S L A D K O R L B O G I D V A U
T G N E S E Č N A S V N Y A U E
C M U S F O W N L T D A B D P K
K S T O U T S Q G D A Č T O Z L
Q Y A K I L I Z A B T A L G U F
S F K Q L I M O N A B E C A V B
D I Š A R A K F S P C H W J E Z
V B U G D Q Q S Č E J N E R O K
N B R O D H O P E R M C J U H A
Z I H M R C P U B P B L I J L B
N O U A V M U Z U P E C U M F A
E R O U V Y V O L L E N A I E A
U A K O R R K Q A U N E M E L T
J H J H I M O Q O U O H P Q H O
```

BAZILIKA	SOK
HRUŠKA	SOLATA
JAGODA	SOL
ARAŠID	ŠPINAČA
MESO	JUHA
KAVA	TUNA
KORENJE	CIMET
ČESEN	LIMONA
MLEKO	SLADKOR
REPA	ČEBULA

43 - Gebäude

```
W G F A Y J C K R H A F J B S B
U O A N I B A K G N G V J K T O
O N Š R F L L P L O T S J K A L
G I I A A F O J E E M R G K D N
T K H V L Ž Š I D O F U E J I I
H Z A O E G A R A O V M Z T O Š
L D V T T R C O L R R V A E N N
L Q L I O O Z T I N I A C K J I
T V Q R H T J A Š P L F Q R N C
Q K L Z V O Z R Č U T P A A E A
F C F M K Š O O E L J T D M D G
K M E T I J A B O M H Y W R E R
S F W N I R C A J M G N R E K V
U K C I O Q M L E T S O H P S C
W I C W J A P F F W C O P U E M
E Z L J J I R O T A V R E S B O
```

KMETIJA	MUZEJ
TOVARNA	OBSERVATORIJ
GARAŽA	SKEDENJ
HIŠA	ŠOLA
HOSTEL	STADION
HOTEL	SUPERMARKET
KABINA	GLEDALIŠČE
KINO	STOLP
BOLNIŠNICA	UNIVERZA
LABORATORIJ	ŠOTOR

44 - Essen #2

```
M  V  E  N  B  N  F  T  A  Q  J  N  K  N  Č  J
G  G  Y  A  C  R  F  D  B  H  G  B  T  G  O  A
J  O  G  U  R  T  O  H  Q  C  W  O  R  V  K  J
Q  M  W  M  J  A  K  K  E  F  H  I  B  W  O  Č
H  I  W  U  E  D  L  I  O  K  B  U  P  A  L  E
S  C  J  S  C  H  O  N  K  L  G  P  L  K  A  V
M  L  F  N  J  I  B  Ž  I  R  I  S  B  N  D  E
A  N  A  N  A  B  A  I  O  O  U  F  S  U  A  C
N  O  K  I  J  W  J  D  B  I  T  H  L  Š  C  G
D  Q  O  R  N  Z  Y  A  Š  P  A  R  G  J  I  Y
L  M  Č  I  A  W  T  R  W  G  D  C  H  Y  N  I
J  Y  I  W  U  I  C  A  J  N  Š  E  Č  G  E  K
E  R  T  Z  R  C  C  P  I  U  C  D  H  N  Š  V
V  F  R  H  U  W  Q  B  P  I  C  D  B  O  P  O
L  Q  A  N  E  L  E  Z  I  H  R  I  B  E  Z  C
B  G  U  E  I  W  O  I  F  M  A  W  K  H  J  V
```

JABOLKO	ČEŠNJA
ARTIČOKA	MANDLJEV
JAJČEVEC	GOBA
BANANA	RIŽ
BROKOLI	ŠUNKA
KRUH	ČOKOLADA
JAJCE	ZELENA
RIBE	ŠPARGJI
JOGURT	PARADIŽNIK
SIR	PŠENICA

45 - Energie

```
E L E K T R I Č N I O I V M K O
Z D T Z G W W B E E B B D E D N
I R B F O T O N D Q N T H J H E
O N I O Q Z V M L Z O M B D J S
L G D C B A I H Z H V S E F H N
B F L U N O R T K E L E N F C A
O A O J S A O Q M C J U C I K Ž
D N T G I T G I B N I Z I Z Z E
B I S E D K R I U O V K N T H V
V B P J R W C I S S D I Z E L A
Z R W L O I U Y J R R F B M V N
G U E O T B J L R A W N P E O J
Z T A K O C F A J Q L Y U I D E
L Z L O M E N T R O P I J A I R
T O P L O T A V E T E R W Z K O
U J E D R S K O Z N T R K O N H
```

BATERIJA	OGLJIK
BENCIN	MOTOR
GORIVO	JEDRSKO
DIZEL	FOTON
ELEKTRIČNI	SONCE
ELEKTRON	TURBINA
ENTROPIJA	OKOLJE
OBNOVLJIV	ONESNAŽEVANJE
TOPLOTA	VODIK
INDUSTRIJA	VETER

46 - Familie

```
P D F C V C D R B P L W A M K S
N E Č A K N H E W Z S T R I C V
D H U J T M U D D C L T B B K H
B F Y N I Q T K Y E Q L E G V J
R U G I A C I B A B K Ž E N A M
A U C K N R K C J D O F I A N O
T O T A R B T P K Q R S M A Z Ž
R E O Č E I K S V O T E Č O O P
A W M E T B O Č E Q O Z L N K A
N G G N A L V T K S D A H Č I D
E T P Y M L T Y W M A T I D N F
C T E T A Š A S V G M Y B D M
P Y F S E C O I Y Q G G U Q E Y
L S M F I S R D R Q H Z T Z R S
A R S D A F T H F S P G E U P H
Q S K Y W K O D C O G Z N H Q Q
```

BRAT
ŽENA
MOŽ
VNUK
BABICA
DEDEK
OTROK
OTROŠTVO
MATI
MATERNA

NEČAK
NEČAKINJA
STRIC
SESTRA
TETA
HČI
OČE
OČETOVSKI
BRATRANEC
PREDNIK

47 - Pflanzen

```
V D H R R B Z W V S M C H O Z J
S F P B P V A T K Y O T U O E Y
D G F U Q J E O D E A H U M L R
Q D E H L J F W Q T I G G E I V
R A D R E V O G O H G D T W Š O
V E G E T A C I J A R O L F Č A
S D U J R T K D K M P E O J A N
U Z U G V S Y A F I Ž O L A V B
B O T A N I K A K G T D I G A C
M G J Y E L F G U T D C J O R V
A Z W U R I E R K Q U A O D T E
B B D F O N W M Z N H S N I U T
A K Z L K T L W Z Q L H G Č Z Y
Y Z H Q M E J T S I L V R J V W
D V A R J V B R Š L J A N E D K
W K D P J C W J W W V T Y A W N
```

BAMBUS	FLORA
DREVO	VRT
JAGODIČJE	TRAVA
CVET	KAKTUS
CVETNI LIST	ZELIŠČA
FIŽOL	LISTJE
BOTANIKA	MAH
GRM	VEGETACIJA
GNOJILO	GOZD
BRŠLJAN	KOREN

48 - Gewürze

```
S Z W K D F N J M R M A W P Z B
K L Č Y A N I M U K H R C V C B
U A A P Y R R U C R Y A H H P W
R N M D V C D R Y L E K P P O K
K S O D K Y Q A J I L I N A V S
U O R R M O G C M D D R S S H E
M L O G D U B S U O B P O P E R
A U K R E V G N I Ž M A C Q E E
L I Z E K Q W E Q A J P I O K D
U G T N V L K S J F K A M G K N
B Z H K N W C E A R V Y E O U A
E Q T O L D O Č N A D O T J Z I
Č E M P F W O R E N O D L B M R
T D J O V E Q M Ž O O K U S N O
Y C K G V J V J W Z J I N L I K
H N M W R Z G V H G I K B C P K
```

JANEŽ	KURKUMA
GRENKO	PAPRIKA
CURRY	POPER
KOROMAČ	ŽAFRAN
OKUS	SOL
INGVER	KISLO
KARDAMOM	SLADKO
ČESEN	VANILIJA
KORIANDER	CIMET
KUMINA	ČEBULA

49 - Kreativität

```
I  T  S  O  N  D  I  U  L  F  A  J  N  Z  D  O
Z  N  G  P  Q  P  G  C  B  N  F  H  S  E  O  T
M  O  T  G  R  V  E  I  O  V  D  L  P  Y  M  Q
W  M  P  U  C  E  J  I  Z  I  V  V  O  O  I  J
D  N  A  H  I  K  T  U  Č  B  O  T  N  P  Š  I
I  Z  R  A  Z  C  F  N  W  C  N  S  T  P  L  Z
G  T  I  B  N  V  I  E  O  F  Č  O  A  M  J  N
O  B  Č  U  T  E  K  J  C  S  I  N  N  A  I  A
C  E  M  Q  H  H  L  E  A  N  T  V  O  K  J  J
D  A  E  S  J  I  H  D  K  A  A  I  T  Š  A  D
J  N  U  W  M  D  G  I  I  O  M  Z  S  I  J  L
L  S  W  B  G  V  J  P  L  U  A  N  O  N  S  J
D  G  K  Q  M  A  U  T  S  F  R  E  N  T  B  I
P  R  I  S  T  N  O  S  T  J  D  T  S  E  R  V
V  I  T  A  L  N  O  S  T  H  F  N  A  M  R  B
W  Q  K  H  M  R  O  P  D  G  R  I  J  U  W  K
```

IZRAZ	NAVDIH
PRISTNOST	INTENZIVNOST
SLIKA	INTUICIJA
DRAMATIČNO	JASNOST
VTIS	UMETNIŠKA
IZNAJDLJIV	DOMIŠLJIJA
SPRETNOST	OBČUTEK
FLUIDNOST	SPONTANO
OBČUTKI	VIZIJE
IDEJE	VITALNOST

50 - Geschäft

```
R K M B F Z A P O S L E N I T N
E E O G O I G C A V V K Q R O H
Ž D Z L U O N C T A H A D N V U
D O B I Č E K A P J D R E B A D
E H T F K R C H N I T I L N R U
N O E S N V Y P U C O E O S N V
E D K G C E A M Č K E R D U A V
M S U V P R I D A A B A A F J Z
S T R O Š K I L R S Ž N J T I B
B A J A D O R P O N O I A T M G
S E W T N V W O R A L V L M O S
B M E U C R M P P R A O E A N F
F Z A L P A A U S T N G C L O I
T E F A Z N H S U J H R Z C K D
N L U V I E Q T I S J T J W E F
R D B K T D Q T U P K I N E E V
```

DELODAJALEC
PRORAČUN
PISARNA
DOHODEK
TOVARNA
FINANCE
DENAR
TRGOVINA
DOBIČEK
NALOŽBE

KARIERA
STROŠKI
MENEDŽER
ZAPOSLENI
POPUST
DAVKI
TRANSAKCIJA
PRODAJA
VALUTA
EKONOMIJA

51 - Ingenieurwesen

```
F G Y E D I S T R I B U C I J A
G L T K L J S T A B I L N O S T
I O E Z O D H R W G H P U B T G
B B K V N T F Z V U W F Č H S J
L I O U M Z K E E K G A A M C A
H N Č A Č O M B U F S J R F C V
E A I B V B S P O G O N Z T C E
N W N J A N O T T M Z D I H F T
E J A D E I O K R H L A B I W I
R J J I S K D I L O P R E M E R
G D S Z P I A G Q U J G U O E E
I W R E S T R U K T U R A G E M
J P F L U D O I L I F J I I F G
A Q K D Z V T U C S V Z V O D I
Z Q Z A F H O D I A G R A M F Q
L U V Y H B M F D L L L R Q Z O
```

OS	GRADNJA
POGON	STROJ
IZRAČUN	MERITEV
DIAGRAM	MOTOR
DIZEL	STABILNOST
PREMER	MOČ
ENERGIJA	STRUKTURA
TEKOČINA	GLOBINA
ZOBNIKI	DISTRIBUCIJA
VZVODI	KOT

52 - Gemüse

```
S E N Z K K F N U F N C I U F L
O E B K A R I M T K S V I O N C
L Č E S E N L N P M V E K J L O
A B O G T G O Y Ž I E T A U W H
T P D I C G K B L I H A R G D Q
A N E L E Z O A O U D Č K Y F K
Č I P R Z N R N K B Z A W C R R
A L I E B Z B B U Č E K R G K O
N E U V T I N G V E R O P A F M
I N N R F E L L N Z T Č B L P P
P I V W U S R S U D P I Z U U I
Š O R K R K W Š M Y U T A B C R
K O R E N J E L I Q Y R L E Z J
K U M A R A E Y G L K A F Č W J
J A J Č E V E C Q G J A M U D K
Z L Y Y U P M B D W W S B O L W
```

ARTIČOKA	BUČE
JAJČEVEC	OLJKE
CVETAČA	PETERŠILJ
BROKOLI	GOBA
GRAH	REPA
KUMARA	SOLATA
INGVER	ZELENA
KORENJE	ŠPINAČA
KROMPIR	PARADIŽNIK
ČESEN	ČEBULA

53 - Schönheit

```
M P M F O T O G E N I Č N O K E
I D N S T I K S N D N J G M J I
L K Y J T S P B K I M C O K J E
O Y B U M I R G Q Š L Y U D R G
S Z Q E K E L I Z A V R A B D E
T Š A M P O N I E V T I R O T S
F P P A Z G A Č S A J L O V Z Y
A H B P D L R T A T V D E B I I
F C F D K A Z Z U R W G Z R Z O
R Y R Z Y D R I Z D F T J S K L
Y S R M I K M L H Š Š M I N K A
K E O T Q O M Q V I K K F Y W D
O N T N A G E L E C N A G E L E
D A I Z D E L K O V V Ž R U W L
R K O Z M E T I K A B O I J A G
I M A S K A R A M A T K H O E O
```

MILOST	KOZMETIKA
ČAR	ŠMINKA
STORITVE	KODRI
DIŠAVA	OLJA
ELEGANTNO	IZDELKOV
ELEGANCE	ŠKARJE
BARVA	ŠAMPON
FOTOGENIČNO	OGLEDALO
GLADKO	STILIST
KOŽA	MASKARA

54 - Tanzen

```
G  A  J  A  B  A  U  K  P  Q  Z  A  F  H  F  T
U  I  N  W  S  S  A  N  P  A  S  G  B  C  T  R
M  N  B  L  S  W  P  W  G  T  R  Z  U  M  Y  A
E  R  V  A  Ž  R  D  V  L  V  E  T  Y  F  Z  D
T  U  I  R  N  Z  R  M  A  L  Q  Y  N  E  G  I
N  T  Z  U  G  J  R  W  S  J  C  P  C  E  P  C
O  L  U  T  O  L  E  T  B  Y  A  I  J  R  R  I
S  U  A  L  N  E  V  L  A  Y  W  V  W  C  P  O
T  K  L  U  Z  K  L  A  S  I  Č  N  A  S  D  N
T  U  N  K  A  J  I  M  E  D  A  K  A  K  J  A
L  E  O  N  R  V  E  S  E  L  O  V  S  I  H  L
U  S  F  J  Z  N  Q  M  I  L  O  S  T  R  J  N
B  O  K  K  I  B  O  G  O  Č  U  S  T  V  O  O
K  O  R  E  O  G  R  A  F  I  J  A  J  R  D  T
B  R  I  T  E  M  N  W  B  G  Z  P  Z  P  I  F
C  S  U  D  C  Z  J  D  W  J  Y  F  J  A  F  B
```

AKADEMIJA	KULTURA
MILOST	KULTURNI
IZRAZNO	UMETNOST
GIBANJE	GLASBA
KOREOGRAFIJA	PARTNER
ČUSTVO	VAJA
VESELO	RITEM
DRŽA	TRADICIONALNO
KLASIČNA	VIZUALNO
TELO	

55 - Ernährung

```
D  H  Y  H  O  D  G  P  G  O  V  D  M  P  Y  Z
Z  R  O  I  Y  T  T  F  S  K  K  V  W  R  S  D
L  A  T  I  Ž  Y  J  W  Z  U  Q  R  O  E  L  R
H  N  T  O  M  A  K  A  N  S  V  G  V  B  H  A
T  I  T  E  P  A  U  K  J  I  R  O  L  A  K  V
W  L  I  A  I  Y  R  A  N  Y  S  B  F  V  B  J
U  O  S  J  G  D  A  K  I  P  K  K  U  A  E  E
Ž  K  K  D  E  L  V  O  M  G  A  F  O  B  L  A
I  N  T  M  D  F  N  V  A  R  D  Z  I  T  J  E
T  E  Z  E  N  O  O  O  T  T  M  V  T  E  A  U
N  R  J  N  Ž  L  T  S  I  O  T  N  P  L  K  O
A  G  E  C  E  A  E  T  V  F  V  M  G  L  O  W
H  L  C  Q  I  Q  Ž  E  I  F  O  H  Q  O  V  E
C  S  S  C  A  F  E  H  S  H  U  J  O  S  I  A
A  J  I  C  A  T  N  E  M  R  E  F  T  A  N  Y
J  F  O  R  Y  W  O  J  K  G  U  Q  E  T  E  Y
```

APETIT	TEŽA
URAVNOTEŽENO	KALORIJ
GRENKO	HRANILO
DIETA	DEL
UŽITNA	BELJAKOVINE
FERMENTACIJA	KAKOVOST
OKUS	OMAKA
ZDRAV	TOKSIN
ZDRAVJE	PREBAVA
ŽITA	VITAMIN

56 - Länder #1

```
I  I  K  O  C  U  I  F  B  S  N  I  K  N  S  Q
L  Z  T  A  E  O  T  I  U  E  O  N  R  I  P  Z
S  R  R  Q  S  J  A  N  V  N  R  D  C  K  I  I
H  R  H  A  A  I  L  S  E  E  V  I  B  A  S  V
S  N  T  Q  E  Q  I  K  N  G  E  J  W  R  S  F
W  P  A  A  T  L  J  A  E  A  Š  A  M  A  P  M
K  O  Ž  J  P  O  A  C  Z  L  K  E  J  G  T  L
Z  L  D  I  I  R  D  H  U  W  A  S  H  V  H  Q
J  L  O  V  G  Č  F  S  E  Y  L  S  J  A  P  Z
I  P  B  T  E  T  M  O  L  P  T  E  F  L  U  L
R  I  M  A  L  I  P  E  A  D  A  N  A  K  O  I
A  H  A  L  T  V  L  J  N  G  H  O  S  A  H  P
K  K  K  W  Y  U  H  B  R  A  Z  I  L  I  J  A
R  O  M  U  N  I  J  A  J  I  N  A  P  Š  K  T
V  I  E  T  N  A  M  D  Y  J  H  K  A  M  J  E
W  Q  W  S  B  O  C  Z  J  L  D  E  Y  H  T  B
```

EGIPT	LATVIJA
BRAZILIJA	MALI
NEMČIJA	NIKARAGVA
FINSKA	NORVEŠKA
INDIJA	POLJSKA
IRAK	ROMUNIJA
IZRAEL	SENEGAL
ITALIJA	ŠPANIJA
KAMBODŽA	VENEZUELA
KANADA	VIETNAM

57 - Technologie

```
I  B  B  P  C  Z  M  C  W  O  P  N  I  J  B  Q
D  R  N  L  W  S  T  A  F  K  I  W  Z  Y  A  B
O  M  S  E  K  H  S  J  P  G  S  E  M  T  D  W
D  I  G  I  T  A  L  N  O  A  A  O  O  Q  B  D
F  O  T  O  A  P  A  R  A  T  V  T  N  K  U  O
E  G  Y  E  O  Q  P  J  I  H  A  B  L  W  U  L
B  M  G  W  K  Y  G  P  N  C  Z  B  A  J  T  I
R  R  P  R  I  K  A  Z  T  D  A  O  U  U  S  Č
A  O  S  F  N  N  Z  L  E  V  S  V  T  J  O  O
Z  Z  T  K  L  M  I  B  R  I  L  Z  R  Q  N  R
I  R  F  F  A  F  M  L  N  R  O  A  I  Z  R  O
S  U  D  W  N  L  A  O  E  U  N  Y  V  Y  A  P
K  K  R  S  U  P  N  G  T  S  S  M  A  W  V  S
A  S  O  P  Č  B  F  I  K  T  A  D  O  P  C  D
V  H  H  U  A  Y  M  M  K  R  K  Z  L  W  I  L
E  G  B  I  R  S  T  A  T  I  S  T  I  K  A  U
```

PRIKAZ	RAZISKAVE
ZASLON	INTERNET
BLOG	FOTOAPARAT
BRSKALNIK	SPOROČILO
BAJTI	PISAVA
RAČUNALNIK	VARNOST
KURZOR	STATISTIKA
MAPA	VIRTUALNO
PODATKI	VIRUS
DIGITALNO	

58 - Wasser

```
P  C  Q  I  H  P  N  C  F  P  F  E  E  F  K  D
R  Q  T  Z  R  R  O  R  E  Z  E  J  I  E  D  E
H  B  W  P  I  K  B  P  A  T  W  U  M  J  S  Ž
A  J  O  A  Z  Y  E  Z  L  A  N  A  K  G  N  S
N  S  A  R  U  E  A  E  L  A  A  O  N  D  E  L
W  A  W  E  V  E  N  L  F  W  V  T  V  U  G  N
C  G  R  V  A  L  A  Z  R  M  Z  A  K  E  O  A
K  G  G  A  Z  C  A  K  E  R  I  Z  J  E  G  M
P  O  R  N  M  E  G  Ž  I  H  A  K  J  K  G  A
B  A  J  J  O  J  A  B  N  A  K  R  O  U  L  K
M  U  R  E  N  W  L  E  A  O  I  J  R  R  P  A
J  Y  A  A  S  S  V  Q  E  N  G  G  T  V  G  N
T  F  J  K  U  W  K  D  C  T  D  N  K  Q  L  J
B  F  H  F  N  C  D  S  O  I  V  O  L  A  V  E
D  U  Q  K  F  N  K  A  I  P  K  A  Y  M  O  W
H  Z  C  D  A  J  R  F  N  M  R  C  R  S  G  O
```

NAMAKANJE	ORKAN
PARA	KANAL
PRHA	MONSUN
LED	OCEAN
VLAŽNO	DEŽ
VLAGA	SNEG
REKA	JEZERO
POPLAVA	PITNO
ZMRZAL	IZPAREVANJE
GEJZIR	VALOVI

59 - Science Fiction

```
E  P  E  E  P  T  T  D  D  Q  W  M  U  A  Y  F
K  T  K  R  P  Z  E  H  I  U  D  Y  H  J  O  U
S  I  S  W  M  T  H  U  S  B  R  F  S  I  T  T
T  M  P  L  Y  B  N  V  T  E  N  A  L  P  O  U
R  P  L  J  K  R  O  C  O  P  W  O  L  O  K  R
E  W  O  W  K  O  L  W  P  S  P  V  Y  T  W  I
M  U  Z  E  I  B  O  S  I  S  V  L  I  U  K  S
N  H  I  L  B  O  G  J  J  L  E  K  A  R  O  T
O  C  J  H  P  T  I  P  A  I  K  I  N  O  O  I
W  Z  A  W  O  I  J  G  J  U  R  A  W  G  M  Č
P  O  Ž  A  R  C  A  J  I  S  K  A  L  A  G  N
S  K  N  J  I  G  E  Q  Z  F  I  G  N  K  F  O
V  D  T  T  V  C  O  N  U  C  L  Q  B  E  J  K
E  P  E  W  I  O  I  A  L  E  C  P  O  R  C  B
T  N  O  O  N  R  A  N  I  G  A  M  I  K  Y  S
R  W  R  R  E  A  L  I  S  T  I  Č  E  N  I  Q
```

KNJIGE	KINO
DISTOPIJA	ORAKELJ
EKSPLOZIJA	PLANET
EKSTREMNO	REALISTIČEN
POŽAR	ROBOTI
FUTURISTIČNO	SCENARIJ
GALAKSIJA	TEHNOLOGIJA
ILUZIJA	UTOPIJA
IMAGINARNO	SVET

60 - Literatur

```
C  M  D  O  F  A  P  A  J  I  C  K  I  F  D  P
W  W  L  S  R  B  E  O  N  Č  I  T  E  O  P  H
O  H  T  V  H  C  S  Q  J  A  R  H  Q  A  E  Q
J  W  G  W  I  I  E  O  A  S  L  S  J  V  L  E
M  R  M  N  V  P  M  E  T  I  R  O  A  Z  K  N
I  Q  D  E  Y  Ž  A  N  R  P  H  C  G  W  S  O
L  U  Q  N  M  E  T  A  F  O  R  A  F  I  W  Q
R  I  M  A  J  I  F  A  R  G  O  I  B  O  J  D
V  S  O  M  Z  H  Y  N  W  O  D  S  R  G  N  A
N  O  Y  O  V  I  D  I  A  L  O  G  F  S  Y  M
Y  R  V  R  J  R  L  T  K  S  A  V  T  O  R  E
C  R  B  G  E  P  Q  A  J  I  D  E  G  A  R  T
A  N  E  K  D  O  T  A  N  E  N  F  L  L  V  U
U  U  G  O  O  H  K  S  Z  A  U  Q  G  K  M  O
P  R  I  M  E  R  J  A  V  A  Q  Z  C  B  W  M
J  I  D  Y  O  O  D  K  N  G  I  I  I  I  G  L
```

ANALOGIJA	METAFORA
ANALIZA	POETIČNO
ANEKDOTA	RIMA
AVTOR	RITEM
OPIS	ROMAN
BIOGRAFIJA	SKLEP
DIALOG	SLOG
FIKCIJA	TEMA
PESEM	TRAGEDIJA
ŽANR	PRIMERJAVA

61 - Wandern

```
I  U  K  S  V  P  U  I  D  V  K  A  H  G  M  L
C  B  A  S  O  R  G  O  R  A  V  A  R  A  N  T
Z  H  M  I  Z  N  E  J  U  R  T  U  M  G  Z  P
Z  E  P  P  E  V  C  M  V  O  D  A  I  N  I  H
J  U  I  O  T  C  B  E  E  Q  A  E  Y  I  I  F
V  Z  R  D  I  V  E  J  L  M  E  Z  V  T  L  Q
H  K  A  N  J  A  F  L  Q  C  W  Z  E  S  A  D
S  P  N  E  V  L  O  G  B  K  W  Q  V  O  V  B
E  Q  J  B  I  A  S  K  M  F  R  G  Z  N  I  H
P  I  E  J  D  R  E  J  B  I  Z  B  Q  R  Ž  L
V  N  L  E  R  O  S  A  V  I  Y  V  Z  A  T  L
A  D  V  O  D  N  I  K  I  O  W  B  I  V  P  W
W  H  A  R  Z  I  K  Ž  K  E  U  V  G  E  L  Y
Z  Z  F  V  R  H  R  E  H  Š  K  O  R  N  J  I
T  J  A  J  I  C  A  T  N  E  I  R  O  N  E  C
J  L  K  C  E  U  P  P  R  I  P  R  A  V  A  O
```

GORA	PARKI
KAMPIRANJE	TEŽKA
VODNIKI	SONCE
NEVARNOSTI	KAMNI
VRH	ŠKORNJI
ZEMLJEVID	ŽIVALI
PODNEBJE	PRIPRAVA
UTRUJEN	VODA
NARAVA	VREME
ORIENTACIJA	DIVJI

62 - Globale Erwärmung

```
Z Z Z N I Z U I L Q O E K R N I
C A K S U D G H V K E R R P O K
W D K S G A C V I U J U I L J S
R A P O A J S W C D I T Z I N J
A L C O N T J F O Q C A A N N L
T V F E Z O M E D N A R O D N O
C F Y J S O D B C T L E L E V K
E E V I P Q R A G M U P I L N O
J T S C A P T N J U P M F L F M
B Q Y A T B T S O A O E R C V W
E N E R G I J A V S P T V M M B
N F Z E E T C O I K T A D O P P
D I R N A Q J C V A R K T I K A
O P C E B U S P N Z E O R H O H
P N J G Q H K Y I T A T I B A H
Z N A N S T V E N I K R Y D Z P
```

ARKTIKA
POZORNOST
POPULACIJE
PODATKI
ENERGIJA
RAZVOJ
PLIN
GENERACIJE
ZAKONODAJA

MEDNARODNO
ZDAJ
PODNEBJE
KRIZA
HABITATI
VLADA
TEMPERATURE
OKOLJSKI
ZNANSTVENIK

63 - Länder #2

```
O G O P Y T T W Q D L P C F T T
J I D L A P E N A D U S C R L I
F V Q T D Y W P I V E I B J M G
J A P O N S K A N I J A R K U I
A J I N A B L A O K S S Z N F Y
L I C K G E G J Y E P N R L R T
A R H E U R E N Q N Q V A I A G
O E L R W F Č N H I U Z A B N J
S G M B I F W I A J Z S W E C L
S I J E R F Y T J A A K A R I C
Q N Z R H I O I I A K S R I J I
O N A T S I K A P V J H E J A Y
S I R I J A K H O M A I S A Q H
I M U W Q Y L A I D M W S K R C
B V Z J C D P H T Y A P C U V R
C L O S P L S M E U J S P V R V
```

ALBANIJA
ETIOPIJA
FRANCIJA
GRČIJA
HAITI
IRSKA
JAMAJKA
JAPONSKA
KENIJA
LAOS

LIBERIJA
MEHIKA
NEPAL
NIGERIJA
PAKISTAN
RUSIJA
SUDAN
SIRIJA
UGANDA
UKRAJINA

64 - Fahrzeuge

```
V A N A K R T R A K T O R A T U
I K O Q G I A Q S Q O L B V R S
J E Z E J R T K Z R C A R T A K
G U M A T L N H E O Y T C O J U
J Q M P U Y A S M T R E M B E T
K G R O Y K L B Z Z A L Q U K E
A A E B G N U P B O C Y Q S T R
J E R L M A B A P T I T A K S I
N J I A J D M E T E N A A V T O
R E Z N V B A R Y L R U Z A S J
O M M C U A R E T P O K I L E H
V Q O C B A N M Z Z M L A P L P
O C T Z L P L A P T D J O S P K
T L O D B M O D B A O Y Z K B F
L K R O D V Č L V E P V L A K U
H V E N P N E V M A T I K E Z D
```

AVTO	MOTOR
ČOLN	RAKETA
AVTOBUS	PNEVMATIKE
KOLO	SKUTER
TRAJEKT	TAKSI
SPLAV	TRAKTOR
LETALO	PODMORNICA
HELIKOPTER	VAN
AMBULANTA	KARAVANA
TOVORNJAK	VLAK

65 - Musikinstrumente

```
M F V U H Q P B V J K T O F I M
Z A F R A H U I L K L R F N Y L
Y R N I R U B M A T A O A A L F
U A Q D W I W A P P R B W Z P B
C T W Q O Z E I U L I E Q E F S
V I Q V N L C K G F N N M I N V
F K G R G G I Č A A E T U N B I
T B O B E N L N L G T A T C I O
Q R R W S O G O A O B O N E W L
S Y O U I G R V K T R K K Q E O
U W Y M D P O Z L L K O D T F N
I N T F B O H F O C A B M P B Č
C U H S S O P P T K S V L M A E
H S R H V I N F Y V N N I E N L
V I O L I N A P D V V B E R J O
F L A V T A S A K S O F O N O D
```

BANJO
VIOLONČELO
FAGOT
FLAVTA
VIOLINA
KITARA
ZVONČKI
GONG
HARFA
KLARINET

KLAVIR
MANDOLINA
ORGLICE
OBOA
TROMBON
SAKSOFON
TOLKALA
TAMBURIN
BOBEN
TROBENTA

66 - Blumen

```
V O G O C J V S L H E L J Z Y P
R R S R V V W E W I R Q V F R L
T U P H E R G U N G O B N A R U
N F F I T A R G E R H S B J U M
I M L D N W K O U G P T K W T E
C A P E I B H V K W A P W I K R
A R O J L F A J I L O N G A M I
Š J T A I P Z B R S V O F V S A
O E O N S U K S I B I H F O O J
P T N I T P A S I J O N K A N I
E I I M C W J B R V B B L Z Č N
K C K S O D L M I F I A B Y N E
E A A A D M E A F I E F R F I D
M Z G J P G T K W S H O H I C R
L I J A H F E E C M S U A N A A
L I L A T R D T U L I P A N R G
```

CVETNI LIST   MAGNOLIJA
GARDENIJA   MAK
MARJETICA   ORHIDEJA
HIBISKUS   PASIJONKA
JASMINA   POTONIKA
DETELJA   PLUMERIA
SIVKA   VRTNICA
LILA   SONČNICA
LIJA   ŠOPEK
REGRAT   TULIPAN

67 - Natur

```
B T D M A B L R W F V F E N E Z
Y Z I I K A L B O G E Ž F P R T
H B N R D I H J G R D I K C O P
K D A N L E P O T A R V J J Z O
I R M O Q I N H S O A I R I Z
Z E I T R O P S K I M L M V J Č
M C Č I W A M E G L A I G P A E
R L N W V K R M A M D U U P P B
D D O N U E O K Y R W P S A U E
O H Z G Y R D B T N F C V D Š L
S B G F O G Q P N I Q C E I Č E
H Y R H K Z O R U H K T T V A R
L I S T J E D R T Y D A I J V A
L E D E N I K N E M I Y Š I A T
O G J I Q Y J Z K Y N P Č A Q B
N J G G G P I K J Z G Y E L B R
```

ARKTIKA	LISTJE
GORE	MEGLA
ČEBELE	LEPOTA
DINAMIČNO	ŽIVALI
EROZIJA	TROPSKI
REKA	GOZD
MIRNO	DIVJI
LEDENIK	OBLAKI
SVETIŠČE	PUŠČAVA
VEDRO	

68 - Urlaub #2

```
C C U O S E O J M P B T S H S Y
L E T A L I Š Č E O O Y V D H V
E J V M Ž K I D C T K D T U Y L
T R P A D A J E I N Z V I Z U M
O O O T O K L U N I M R S L U E
H M T A A E Q P T L M I K A L V
C Z P Z W D E F I I T G A J L P
P B R O T O Š L Č S B W T H G E
F R T R T M O G O T P C Y T H B
D F O H T O U L P I Q Y U D V W
Z N O S D I V E J L M E Z W L T
P W E L T A J A J L T U J E C S
T U J S H I E J N A R I P M A K
Z A L Y Y W Č G C J P R E V O Z
A J I C A R V A T S E R E U M B
G B C Q P O J R S P I Y P A S G
```

TUJEC	POTOVANJE
TUJ	RESTAVRACIJA
KAMPIRANJE	PLAŽA
LETALIŠČE	TAKSI
PROSTI ČAS	PREVOZ
HOTEL	POČITNICE
OTOK	VIZUM
ZEMLJEVID	ŠOTOR
MORJE	CILJ
POTNI LIST	VLAK

69 - Barbecues

```
P P O P E R Y K O V N K H K K Z
C I P O L E T J E Z Y O E O V E
V N Š T M O S U R L H S F G A L
N Q E Č O R V M U D P I P T B E
O O J G A J R E Č E V L O S N N
T I Ž P T N G G H O O G O E J
R G A I O D E J N A H U K V T A
O R L Z K B R C I G L A S B A V
C E C W A O A U B E L K R G L A
I G T F L K Ž I Ž B T A I H O D
G C Y K H V F S K I J M G C S R
E O L B J Z A Y A Z N O U L B C
G I K V I L I C E J D A S V C B
C N H V Z O T U N B Y A U D N U
B A H M G F L A V J I S I I Q S
F S B S L R D N F O F E C F U C
```

VEČERJA   KUHANJE
DRUŽINA   NOŽI
SADJE   KOSILO
VILICE   GLASBA
ZELENJAVA   POPER
ŽAR   SOLATE
VROČE   SOL
PIŠČANEC   POLETJE
LAKOTA   OMAKA
OTROCI   IGRE

70 - Küche

```
P  J  N  W  Q  G  P  Z  A  J  E  M  A  L  K  A
T  A  D  T  K  E  M  R  N  T  Ž  U  K  N  B  O
S  N  L  G  Y  B  Y  U  T  K  A  I  N  O  Ž  I
B  E  J  Č  U  D  D  L  P  I  R  A  N  A  R  H
V  I  C  R  K  E  J  S  E  N  Č  D  G  N  R  D
O  C  U  V  U  E  F  N  C  L  S  E  N  L  E  K
S  E  H  Y  N  E  L  V  E  I  G  L  K  S  Z  G
G  W  G  V  D  E  K  Y  R  D  H  K  Q  K  V  O
S  T  Q  P  U  C  O  V  L  A  T  S  N  O  B  W
H  N  P  E  Č  I  C  A  Ž  L  I  C  E  T  B  O
G  Z  A  A  Z  L  R  J  N  H  V  C  C  L  T  A
L  O  I  H  Z  E  B  M  I  Č  A  Z  I  I  K  I
N  P  B  C  N  D  T  U  Y  J  D  D  L  Č  P  K
A  Y  Q  A  V  O  Z  T  H  Q  M  C  I  E  Z  C
Z  B  D  O  G  K  J  J  R  E  F  R  V  K  C  H
A  F  N  T  P  S  P  R  E  D  P  A  S  N  I  K
```

HRANA	NOŽI
PALČKE	PEČICA
VILICE	RECEPT
ZAČIMBE	PREDPASNIK
ŽAR	SKLEDA
ZAJEMALKA	GOBA
VRČ	PRTIČEK
HLADILNIK	SKODELICE
ŽLICE	KOTLIČEK

71 - Geographie

```
C I T H D O C A S M F P R E V C
B J C Z Q E G E A L P T H O D V
P R E V E S Y W L D W E R O Z U
I O M E S T O A T I M V T O R Y
M T L R Y J K H A V N S D P P M
O A T D O H A Z K E V A R O G I
R V K G N Z K P E J C J Ž Q S F
J K R P A E T T R L R I A C I L
E E D K C V V M R M W G V L B I
P O L O B L A N E E F E A S Y G
O T O K Q C N S I Z T R N J O Y
I F L D A W I S C K A N B U C G
K M W O P I Š U S C U A I J E R
T N I F Y I I O Z E M L J E A U
W T L H R Q V O H I S N E S N B
G Q A F K H G S Q L B L E V H C
```

ATLAS	DRŽAVA
EKVATOR	MORJE
GORA	POLDNEVNIK
REKA	SEVER
OZEMLJE	OCEAN
POLOBLA	REGIJA
VIŠINA	MESTO
OTOK	TROPI
ZEMLJEVID	SVET
CELINA	ZAHOD

72 - Zahlen

```
P  H  K  V  H  D  B  U  F  Y  V  R  Š  B  P  S
E  C  A  F  D  S  B  G  F  M  R  V  T  E  P  E
T  S  J  A  N  I  R  T  E  S  E  D  I  Z  Š  D
N  D  H  A  K  R  Z  E  T  C  U  T  R  F  T  E
A  O  E  Z  I  T  B  V  Y  B  W  S  I  S  I  M
J  S  G  V  Š  V  W  E  Q  M  H  W  N  E  R  N
S  E  P  O  E  E  D  S  I  A  Š  A  D  I  A
T  M  J  N  S  T  S  O  S  E  M  E  J  E  S  J
G  N  Q  L  I  C  N  T  K  B  D  S  S  M  Y  S
C  A  S  A  H  Č  J  A  H  A  W  T  T  N  F  T
U  J  H  M  M  T  V  B  J  V  E  N  A  T  D  H
S  S  U  I  F  F  G  R  T  S  J  A  N  A  V  D
B  T  E  C  L  T  E  M  L  D  T  J  M  L  A  M
W  A  C  E  D  V  A  J  S  E  T  S  E  S  B  P
P  I  V  D  T  T  Z  P  A  R  A  T  H  K  L  Y
Z  N  E  P  H  H  S  S  F  R  C  Y  C  L  A  O
```

OSEM
OSEMNAJST
DECIMALNO
TRI
TRINAJST
PET
PETNAJST
DEVET
DEVETNAJST
NIČ

ŠEST
ŠESTNAJST
SEDEM
SEDEMNAJST
ŠTIRI
ŠTIRINAJST
DESET
DVAJSET
DVA
DVANAJST

73 - Kunst Liefert

```
S  S  L  L  N  W  H  S  B  F  S  W  Y  C  E  B
V  T  P  Y  K  R  G  T  G  O  L  I  N  R  Č  A
I  O  L  O  V  P  J  O  V  T  Q  B  D  T  V  R
N  L  O  G  B  V  T  J  S  O  T  R  Q  H  O  V
Č  P  B  L  W  B  S  A  B  A  N  I  L  G  D  E
N  Y  C  J  B  B  O  L  I  P  E  L  V  W  A  C
I  G  G  E  D  S  N  O  I  A  L  E  B  A  T  I
K  M  L  J  M  E  L  U  G  R  I  P  A  P  R  V
I  L  D  E  N  B  A  O  U  A  K  R  I  D  A  R
D  G  U  D  T  R  J  S  D  T  W  A  F  T  A  A
O  E  Y  I  G  Z  R  H  K  J  B  O  C  D  F  B
Y  V  A  Y  Y  V  A  M  A  Š  Č  E  T  K  E  H
T  C  W  P  Z  V  V  M  A  P  L  E  M  N  O  D
U  U  A  I  K  D  T  E  C  W  A  I  O  O  F  Y
L  U  A  L  R  K  S  F  R  Z  C  I  B  C  O  N
R  D  W  M  I  V  U  I  V  O  L  J  E  Q  Y  L
```

AKRIL
SVINČNIKI
BARVICE
ŠČETKE
BARVE
OGLJE
IDEJE
FOTOAPARAT
USTVARJALNOST
LEPILO

OLJE
PAPIR
RADIRKA
STOJALO
STOL
TABELA
ČRNILO
GLINA
VODA

74 - Tage und Monate

```
C  L  K  E  R  O  T  R  J  Y  E  S  C  M  D  R
Q  C  O  T  E  L  P  R  F  K  Z  W  R  P  N  M
W  J  L  Q  M  Q  E  A  V  G  U  S  T  E  G  F
E  R  E  J  U  N  I  J  I  L  U  J  G  M  D  Q
D  P  D  K  I  Z  H  E  M  E  F  E  O  I  H  A
N  D  A  C  E  A  I  M  Q  C  Y  T  R  I  Q  A
N  O  R  E  B  M  E  C  E  D  L  V  A  P  B  P
S  D  V  S  P  A  D  K  F  F  Q  R  F  E  K  C
E  Z  Y  E  O  J  O  O  M  S  O  B  O  T  A  F
P  P  T  M  M  P  O  N  E  D  E  L  J  E  K  E
T  U  E  S  H  B  O  K  T  O  B  E  R  A  C  B
E  G  O  T  N  U  E  S  F  T  D  F  Q  M  E  R
M  M  T  G  E  N  W  R  A  U  N  A  J  B  P  U
B  Y  K  I  D  K  Č  E  T  R  T  E  K  N  S  A
E  N  E  D  E  L  J  A  M  D  F  I  V  S  Y  R
R  T  P  D  T  N  T  E  N  T  Q  P  P  I  C  G
```

AVGUST	KOLEDAR
DECEMBER	SREDA
TOREK	MESEC
ČETRTEK	PONEDELJEK
FEBRUAR	NOVEMBER
PETEK	OKTOBER
LETO	SOBOTA
JANUAR	SEPTEMBER
JULIJ	NEDELJA
JUNIJ	TEDEN

75 - Emotionen

```
T  N  Q  W  N  N  R  I  M  D  P  M  D  V  U  C
S  N  E  R  I  M  E  I  K  P  R  B  A  N  D  R
O  P  A  Z  E  J  L  N  E  Z  E  B  U  J  L  S
L  I  O  V  Q  V  I  G  Z  M  S  W  U  F  Z  P
A  N  A  K  D  H  E  E  C  N  E  O  S  Q  E  R
Ž  J  Y  U  O  U  F  C  L  H  N  T  T  S  G  O
H  L  B  Q  H  J  Š  I  T  B  E  T  O  G  V  Š
H  O  B  M  R  Q  N  E  B  H  Č  B  S  S  Q  Č
A  V  S  Y  Z  T  B  O  N  E  E  O  W  O  L  E
R  O  A  P  E  B  F  K  S  O  N  I  N  Č  N  N
T  D  Č  L  Z  M  B  R  M  T  J  T  Q  U  E  H
S  A  G  Z  E  Q  G  M  W  K  E  Q  B  T  Ž  Z
S  Z  L  H  Z  Ž  J  J  V  C  V  Y  D  J  N  U
K  J  O  J  K  S  E  J  L  E  S  E  V  E  O  F
D  S  D  Q  T  S  O  N  Z  A  J  I  R  P  S  C
G  C  V  S  E  B  I  N  A  C  R  D  B  H  T  B
```

STRAH	RELIEF
NAVDUŠEN	SPOKOJNOST
HVALEŽEN	MIREN
SPROŠČEN	SOČUTJE
VESELJE	ŽALOST
PRIJAZNOST	PRESENEČENJE
MIR	JEZA
VSEBINA	NEŽNOST
DOLGČAS	ZADOVOLJNI
LJUBEZEN	

76 - Das Unternehmen

```
W  L  G  T  U  M  G  W  F  B  P  I  S  U  A  K
L  U  Y  L  J  A  H  B  U  U  W  L  H  S  V  A
G  E  B  Ž  O  L  A  N  Q  F  P  U  S  Y  E  K
K  C  S  W  N  B  U  G  V  T  F  D  S  V  T  O
V  I  R  I  V  A  A  J  N  A  G  E  V  T  I  V
E  Z  O  N  I  V  P  L  Y  A  J  L  Č  O  Č  O
T  A  P  A  T  N  L  T  N  U  N  G  V  A  O  S
I  P  R  P  A  H  S  S  U  O  Z  U  Q  M  L  T
V  O  I  R  V  S  T  R  O  K  O  V  N  O  D  P
A  S  H  E  O  Q  Z  Q  D  J  A  H  P  J  O  M
T  L  O  D  N  K  R  E  A  T  I  V  N  O  R  O
S  I  D  E  I  K  P  J  D  L  R  T  T  O  A  Ž
D  T  K  K  D  Y  B  O  T  P  Q  O  T  K  F  N
E  E  I  A  J  I  R  T  S  U  D  N  I  T  S  O
R  V  W  M  Y  M  C  A  K  E  L  E  D  Z  I  S
P  R  N  H  E  A  U  C  F  I  L  K  M  B  G  T
```

ZAPOSLITEV	KREATIVNO
ENOT	PLAČE
PRIHODKI	MOŽNOST
ODLOČITEV	PREDSTAVITEV
NAPREDEK	IZDELEK
POSEL	STROKOVNO
GLOBALNO	KAKOVOST
INDUSTRIJA	VIRI
INOVATIVNO	TVEGANJA
NALOŽBE	UGLED

77 - Kräuterkunde

```
K E K S U K O T E U Z W P S C P
U O F M B O R D T O E B O Y F E
Y S R A I P P R E B L W N Z P T
J R P O S E U O F M E K T G O E
N Q I Z M R D T I Q N E S E Č R
K O C D P A K V I S A A I O I Š
A K R B O N Č I T A M O R A E I
K U N A A Q I M P Z R A O F N L
O L R Z J S W V T Y C E K V A J
V I N I R A M Ž O R C V E T J Ž
O N V L C T M P E H T R A N I D
S A R I S C S H M P L K I A M V
T R T K S W K F O L A D U C I Q
F I B A S E S T A V I N A U T Y
A K A Q V V R A Z W V H E A Q O
P A W R T G O A N L Y V V S Z M
```

AROMATIČNO	KULINARIKA
BAZILIKA	SIVKA
CVET	MAJARON
KOPER	PETERŠILJ
PEHTRAN	KAKOVOST
KOROMAČ	ROŽMARIN
VRT	ŽAFRAN
OKUS	TIMIJAN
ZELENA	KORISTNO
ČESEN	SESTAVINA

78 - Aktivitäten und Freizeit

```
P  K  A  M  P  I  R  A  N  J  E  N  H  V  S  R
B  O  Y  Q  R  N  F  K  K  E  J  O  O  F  P  I
W  A  T  C  W  M  O  J  O  T  N  G  B  S  R  B
O  K  S  A  Y  Z  H  O  Š  A  A  O  I  I  O  O
V  I  E  E  P  F  G  B  A  Q  V  M  J  A  Š  L
T  L  J  J  B  L  S  D  R  A  O  E  I  C  Č  O
Š  S  N  N  T  A  J  O  K  Z  T  T  K  B  U  V
I  M  A  A  W  E  L  A  A  J  O  R  B  O  J  P
N  N  V  K  T  C  N  L  N  P  P  F  J  K  O  L
D  Y  O  S  E  G  L  I  S  J  D  Q  B  S  Č  V
O  Q  P  E  G  O  L  F  S  M  E  S  G  L  E  Q
H  Q  U  D  U  M  E  T  N  O  S  T  T  N  C  D
O  H  K  V  R  T  N  A  R  J  E  N  J  E  L  Y
P  L  A  V  A  N  J  E  J  Y  D  F  T  Z  Y  S
S  H  N  I  D  E  R  D  F  V  Z  B  V  Y  T  T
W  Z  N  T  F  I  C  F  Y  P  L  I  H  L  Y  C
```

RIBOLOV	GOLF
BASEBALL	HOBIJI
KOŠARKA	UMETNOST
BOKS	POTOVANJE
KAMPIRANJE	PLAVANJE
NAKUPOVANJE	DESKANJE
SPROŠČUJOČE	POTAPLJANJE
NOGOMET	TENIS
VRTNARJENJE	ODBOJKA
SLIKA	POHODNIŠTVO

79 - Job Fähigkeiten

```
N E O D V I S N A U G E Y A H K
P O V U I R I F I Č J B A R F A
O R O P J N O U O I E D F Q R R
S G D R L L E E J N E Š U K Z I
V A S A T O T J C K S T L Q P Z
E N T V Š D D L L O Z E U E O M
Č I V L O G B R O V U C R V Z A
E Z O J P O D P O I A O T O O T
N I A A S V Z J O T U R V W R I
R R B N L O L I Č O R O P S E Č
B A Z J H R Z A D R U G A I N N
B N J E Z E P R I J A Z N A R O
J O G O J N Z A N E S L J I V P
K R E A T I V N O O D T J Q I A
V E R O D O S T O J N O R Z K Z
P R I L A G O D L J I V G N Z L
```

PRILAGODLJIV
POZOREN
VERODOSTOJNO
PRIPRAVLJENI
KARIZMATIČNO
IZKUŠEN
PRIJAZNA
VODSTVO
POSVEČEN
SPOROČILO

ZADRUGA
KREATIVNO
UPRAVLJANJE
ORGANIZIRANO
SPOŠTLJIV
NEODVISNA
ODGOVOREN
UČINKOVITO
ZANESLJIV

80 - Formen

```
V P S N K F K I N T O K I R T O
O O J L Y S R V H C M O S U H K
G L M C P K I O P Z Z L U F F R
A I K E E I V B H I I J P Y J O
L G C Ž N Y U O I L R L S Y Z G
N O S O C E L R P F P A G Z Y L
E N G T T S J E E T L V M W K A
K J J S R Q A L R S W Z C I U T
D V Z Q F A F I B Č R T A P D K
L M A Y R E N P O K R O G W S A
N Y N D U N R S L R Z O M L Z K
F J L G R Q K A A A P K P K Z C
C N A U N A A F F G E B L I U O
P T V K I N T O K O V A R P L K
R P O S R J R Y Q Y J L S Y A R
E O R T B R V P T E F K O V S Z
```

LOK
TRIKOTNIK
VOGAL
ELIPSA
HIPERBOLA
ROBOVI
STOŽEC
KROG
KRIVULJA
ČRTA

OVALNA
POLIGON
PRIZMO
PIRAMIDA
KVADRAT
PRAVOKOTNIK
OKROGLA
STRAN
KOCKA
VALJ

81 - Musik

```
P O N Č I T E O P I Y L U V K M
D P D O N Č I N O M R A H M L E
C E V E P L B V B P U L U Y A L
N R J L F M Q T O R I B L D S O
G A D A L A B O N O R T L A I D
S L C B T D L N Č V G I P A Č I
V G A S I P E T I I L M T O N J
M N C S R P I L R Z A I R E A A
V O Z B B H N O I I S K E O M Z
A T W G D E A F L R B R F T A T
C Q L B K C N S G A E O R E K H
C S V M I B Z I K T N F E M A Q
H A R M O N I J A I I O N P R J
I N S T R U M E N T K N M O Y L
V B P E L S R I T M I Č E N E Z
S E I Q G V Q O K I L P E Z F F
```

ALBUM
BALADA
REFREN
HARMONIJA
HARMONIČNO
IMPROVIZIRATI
INSTRUMENT
KLASIČNA
LIRIČNO
MELODIJA

MIKROFON
GLASBENI
GLASBENIK
OPERA
POETIČNO
RITMIČEN
RITEM
PEVEC
PETI
TEMPO

82 - Antiquitäten

```
K A N J A I C N A V O K C R Y K
S I N E A Q D A T S O N D E R V
E A P F J O R L V K L G U L N S
F H C A I R B O V T Š I H O P A
L L R G R C H Ž F S L O G K B P
S T A R E S D B F A E B V M N O
Q H R J L F T E K I L S S F O H
V O U K A G U V H W B T G M O Q
N W U M G Z T S O V O K A K N L
O A T P R L N A K I T R C I T T
U M E T N O S T S A I Z U T N E
V E R O D O S T O J N O D S A I
S T O L E T J E R T C O G H G I
O C G H N E N A V A D N O O E L
O K R A S N A P O G O J Y A L J
B D P J I Q G K C M J N W E E U
```

STAR	POHIŠTVO
VERODOSTOJNO	KOVANCI
OKRASNA	CENA
ELEGANTNO	KAKOVOST
ENTUZIAST	NAKIT
GALERIJA	KIPARSTVO
SLIKE	SLOG
NALOŽBE	NENAVADNO
STOLETJE	VREDNOST
UMETNOST	POGOJ

83 - Adjektive #2

```
Y O I R O W Z Y K C H L G N I W
M W N U Y E C N E V N E V A L S
K O N V I T A E R K A Ž V R M E
T N Č Z P R F N I L L E U A G W
E J H N V R Y A T E S V A V N K
L O G E O G O F G I H S U N M J
E T K S V A R D Z H Ž F U I Q P
G S K O I B S Z U O R U W J O K
A O P N M O Q L L K O P I S N O
N D A O I D I V J I T J M N L O
T O I P N R L G W J A I N Č A L
N R D R A M A T I Č N O V T M S
O E K Y Z A C Y O T P N D N R H
F V O D G O V O R E N O U I O V
B M M H N F R L S E E V C Y N E
Y R P O M G P I M R K O S E H F
```

VERODOSTOJNO	KREATIVNO
SLAVEN	NARAVNI
OPISNO	NOVO
DRAMATIČNO	NORMALNO
ELEGANTNO	PRODUKTIVNO
UŽITNA	SLAN
SVEŽE	MOČNO
ZDRAV	PONOSEN
LAČNI	ODGOVOREN
ZANIMIVO	DIVJI

84 - Kleidung

```
R A G L Y K K A V B O J K E F W
C C C B Z U R O K A V I C E C N
M J J I I B J S I J D H L A Č E
Š A L Q U O K A G G G O L I R K
O R E V O L U P K F E U M P G G
G S V M J K N P G N B E D E C R
R B E N A H W N K L A A H U L R
L L Č A K Ž Z A P E S T N I C A
I U Y K E H I P L A Š Č H H Z O
C Z Z I L Q C P J Y B O O T G J
A A L T B U H J G L B I V P B A
D C A U O N H U B F U S H D H R
E I H Y Q Q B K A Y Y S K T E H
C O Y I G W F A L S K F Z J Q U
P R E D P A S N I K Q V K A E J
L K V U A C O P D J N I J P F E
```

ZAPESTNICA	OBLEKA
BLUZA	PLAŠČ
PAS	MODA
OGRLICA	PULOVER
ROKAVICE	KRILO
SRAJCA	ŠAL
HLAČE	PIŽAME
KLOBUK	NAKIT
JAKNA	ČEVELJ
KAVBOJKE	PREDPASNIK

85 - Haus

```
Z R F Q G K P O R T S G Z K P Z
C O F L F N O S P G B A V E U E
C G J H Q D D N F Q O R H H S Z
K R P L V H S W I V G A H S R V
D A L T E M T R V D L Ž P O O I
H J K O M A R L A I E A W B C B
K A Q L K I E C G M D C N A K S
S N Y V I Y Š U T N A U R C S K
P P J P G T J C R I L T O Y L A
A O R I K T E O N K O F A S G M
L H F U Ž V E V K N G U O R B I
N I U V T N R J S Z I D T N V N
I Š C Z E F I S T R E H A V R K
C T J O A J D C U E I Y J L V Q
A V R F N O B I A J N I H U K K
K O N V B I M C N W Z W B M I K
```

METLA   KUHINJA
KNJIŽNICA   SVETILKA
STREHA   POHIŠTVO
PODSTREŠJE   SPALNICA
STROP   DIMNIK
TUŠ   OGLEDALO
OKNO   VRATA
GARAŽA   ZID
VRT   OGRAJA
KAMIN   SOBA

86 - Bauernhof #1

```
W A Č C M W Q O K C M S Q H K L
V C Z E J L O P H R P Q L F M N
F P G N B P E S K M A Č K A E G
G C C A D E M Z J O N E S J T J
U S H Č Z W L S T P S L C A I Z
U G O Š R J M A D O V E J R J F
C T Ž I R Z V N U G B T L G S M
Z V R P N J J A V A R K V O T V
I E P B I C B R P R A Š I Č V K
W V M C R Y F V M G Z V S P O T
Q M G L L B K S B T O H I P M G
K O N J J J I A Y V K G N U N H
M P H U Q I L O Y K M V C E U Q
T L Q Q N A Š J K S S N G N T U
W N T Q O V P Č E L B P V S A J
G N O J I L O L E H N Y T A N U
```

ČEBELA	VRANA
GNOJILO	KRAVA
OSEL	ZEMLJIŠČE
POLJE	KMETIJSTVO
SENO	KONJ
MED	RIŽ
PIŠČANEC	PRAŠIČ
PES	VODA
TELE	OGRAJA
MAČKA	KOZA

87 - Regierung

```
S  R  N  P  L  T  S  O  N  S  I  V  D  O  E  N
P  G  P  H  P  C  A  M  A  C  F  K  N  W  N  T
O  S  Y  R  S  D  I  S  K  U  S  I  J  A  A  S
M  V  K  E  I  W  O  S  D  P  U  J  A  R  K  O
E  V  C  D  M  N  G  Z  V  N  L  S  V  O  O  N
N  V  L  W  B  T  A  J  D  O  V  C  A  V  S  Č
I  V  Q  W  O  L  Y  C  N  I  L  K  T  O  T  I
K  S  N  P  L  B  M  F  I  N  D  O  S  G  E  V
M  V  M  H  O  G  H  V  H  O  R  A  U  B  Z  A
E  O  N  L  I  V  I  C  G  G  N  I  M  E  T  R
C  B  N  S  Y  M  D  U  I  H  G  A  U  E  O  P
I  O  D  R  Ž  A  V  A  K  I  T  I  L  O  P  S
V  D  Z  E  T  Y  Z  G  E  V  A  S  N  E  B
A  A  J  I  C  A  R  K  O  M  E  D  P  P  I  E
R  Y  W  C  C  J  I  R  B  Q  G  W  I  Q  K  P
P  R  A  V  O  N  R  I  M  I  V  F  D  M  E  H
```

OKRAJ	SODNI
DEMOKRACIJA	DRŽAVA
SPOMENIK	NACIONALNI
DISKUSIJA	POLITIKA
SVOBODA	PRAVICE
MIRNO	GOVOR
VODJA	SIMBOL
PRAVIČNOST	NEODVISNOST
PRAVO	USTAVA
ENAKOST	CIVILNO

88 - Berufe #1

```
P  Q  T  W  C  G  K  B  Z  Z  H  S  A  J  V  G
E  L  C  Q  W  O  H  K  I  N  T  E  M  U  E  L
Q  Z  E  K  A  R  T  O  G  R  A  F  B  O  T  A
K  K  V  S  N  M  P  M  G  U  G  K  A  O  E  S
M  I  O  R  A  D  O  V  O  D  O  V  S  D  R  B
R  N  L  O  B  L  B  W  L  B  L  K  A  V  I  E
A  A  A  B  R  O  K  S  O  A  O  R  D  E  N  N
S  H  Č  N  R  P  G  A  E  N  H  O  O  T  A  I
T  E  B  U  E  M  I  R  G  K  I  J  R  N  R  K
R  M  Q  M  N  H  P  A  N  I  S  A  L  I  Z  E
O  F  Z  Q  E  O  H  H  N  R  P  Č  U  K  F  B
N  B  C  Q  R  N  V  L  K  I  N  V  A  R  D  Z
O  Z  L  A  T  A  R  O  O  I  S  R  R  Q  B  H
M  Q  J  P  S  W  G  N  D  Q  D  T  Y  L  E  B
F  Z  D  W  P  C  H  E  F  J  D  F  B  I  C  D
N  O  Y  N  K  V  E  S  R  D  A  F  K  B  U  C
```

ZDRAVNIK	UMETNIK
ASTRONOM	MEHANIK
BANKIR	GLASBENIK
AMBASADOR	PIANIST
RAČUNOVODJA	PSIHOLOG
GEOLOG	ODVETNIK
LOVEC	KROJAČ
ZLATAR	PLESALKA
KARTOGRAF	VETERINAR
VODOVODAR	TRENER

89 - Adjektive #1

```
T L G D M G I B N E D O L Ž E N
A O Q L V P L J M T T D Q Y K I
N Q I H O N Č I T A M O R A T D
E U N A O B P O P O L N U T E E
K W U Z Z Z O N D E R V W H Ž N
O N R E D O M K V S U J D P K T
N G V H C N A R O Q D I F R A I
M Z R A B S O L U T N O B I Z Č
E E M O Y Y N E S A Č O P V I N
T O N B M E M O P L P V C L A O
U I T P L N E R K S I E U A K G
J J Y P V E O M Z E U S L Č T L
U M E T N I Š K A V L E O N I K
Y V Q O A M L F O V V L G A V Y
K B E H O U B N N M H K J H N Z
I P Y A G D V Y P S F S C F O D
```

ABSOLUTNO	POČASEN
AKTIVNO	MODERNO
AROMATIČNO	POPOLN
PRIVLAČNA	OGROMNO
TEMNO	LEPA
TANEK	TEŽKA
ISKREN	GLOBOKO
VESEL	NEDOLŽEN
IDENTIČNO	VREDNO
UMETNIŠKA	POMEMBNO

90 - Geometrie

```
M  T  A  R  D  A  V  K  Y  U  Z  J  S  P  M  T
W  T  R  D  I  M  E  N  Z  I  J  A  E  R  A  K
T  S  Z  I  S  G  U  D  A  J  Y  H  G  E  S  D
K  E  T  P  K  O  O  E  A  C  W  M  M  M  A  E
T  T  O  I  A  O  Y  H  N  F  V  N  E  E  S  L
I  K  C  R  W  L  T  I  I  A  J  Q  N  R  I  E
F  F  C  Z  I  W  M  N  Š  M  Č  B  T  I  M  Ž
C  O  Q  H  B  J  Q  V  I  A  L  B  F  Z  E  Q
L  O  G  I  K  A  A  Z  V  K  K  Y  A  O  T  W
I  Z  R  A  Č  U  N  P  H  L  R  W  G  E  R  C
P  K  F  J  Q  W  S  O  B  I  O  I  K  B  I  V
U  A  J  L  U  V  I  R  K  V  G  Z  J  U  J  U
J  V  B  G  T  S  I  E  U  E  I  E  D  Z  A  T
Q  V  R  J  Y  E  R  D  R  T  O  K  P  A  Z  E
K  O  T  N  H  V  A  N  I  Š  R  V  O  P  I  U
T  C  R  R  Q  O  S  O  N  V  A  R  O  D  O  V
```

DELEŽ	LOGIKA
IZRAČUN	MASA
DIMENZIJA	ŠTEVILKA
TRIKOTNIK	POVRŠINA
PREMER	VZPOREDNO
ENAČBA	KVADRAT
VODORAVNO	SEGMENT
VIŠINA	SIMETRIJA
KROG	TEORIJA
KRIVULJA	KOT

91 - Jazz

```
Q  H  H  L  Z  S  I  Z  G  F  D  S  T  N  G  I
I  H  N  E  V  A  L  S  W  M  K  T  A  A  L  M
P  J  R  B  A  P  E  O  V  O  N  A  L  J  A  P
Y  O  Y  H  L  R  N  A  G  T  H  R  E  L  S  R
T  F  D  P  P  P  E  S  E  M  B  N  N  J  B  O
E  E  J  H  A  V  A  T  S  E  S  A  T  U  A  V
K  L  H  U  M  E  T  N  I  K  F  Ž  V  B  C  I
Q  Q  B  N  B  V  I  O  O  P  Z  I  C  Š  T  Z
T  Q  D  D  I  Q  V  W  U  E  T  Q  R  I  S  A
R  E  T  S  E  K  R  O  M  Z  G  D  P  Z  Z  C
E  I  N  G  Q  S  A  R  I  O  K  U  Z  O  W  I
C  L  T  E  J  S  K  L  A  D  A  T  E  L  J  J
N  B  F  E  G  L  A  S  B  E  N  I  K  I  Y  A
O  T  R  Z  M  U  B  L  A  P  P  C  A  T  N  Z
K  S  G  L  A  Q  S  H  E  A  R  S  C  W  C  A
H  Z  K  C  U  W  S  C  F  O  R  Q  Z  O  T  O
```

ALBUM	PESEM
STAR	GLASBA
APLAVZ	GLASBENIKI
SLAVEN	NOVO
NAJLJUBŠI	ORKESTER
ŽANR	RITEM
IMPROVIZACIJA	SLOG
SKLADATELJ	TALENT
KONCERT	TEHNIKA
UMETNIK	SESTAVA

92 - Mathematik

```
G E K I N T O K O V A R P K G I
U E J R Z O J E M S Q B J J F A
Q H O H R A O N T O K O V A R P
R F Q M L K O E E T Z K H Z O T
I R N V E I T O K A B Č A N E R
P M U Q M T P O L I G O N E E I
L R O L N E R D T W A N G K G K
K D E N K M H I W I N L V S Y O
S V R M P T C E J F R A A P O T
L D A V E I H M Y A Z M J O P N
P O N D E R O P Z V B I P N G I
U J A I R A O B S E G C A E K K
U S A T L A R E F S A E A N K V
P O L M E R T R K E O D T T H J
S I M E T R I J A W U L O M E K
R A P A R A L E L O G R A M W I
```

ARITMETIKA	PARALELOGRAM
ULOMEK	POLIGON
DECIMALNO	KVADRAT
TRIKOTNIK	POLMER
PREMER	PRAVOKOTNIK
EKSPONENT	PRAVOKOTNO
GEOMETRIJA	VSOTA
ENAČBA	SIMETRIJA
SFERA	OBSEG
VZPOREDNO	KOTI

93 - Messungen

```
F U A L D H U C T Z J L O H U C
B N J O O K O Z E B D I T L N E
F N N B L R I B Ž C L T F N Č N
N O P O Ž A C L A P E E D P A T
G N O T I M G N O E R R B R D I
O L T P N A I R E M U C A A J M
M A S A A R P N S W E I J Z P E
V M N N N G M A U U N T T T G T
O I A I I O C Z G T H G E K S E
H C C B Š L J C T G A Y U R A R
B E S O Z I W M M R Š I R I N A
W D A L J K V P W A J G E V L H
T R M G Y K P Z U M O L T J Y W
M I P N F H Z U M H Z Y E U V O
D L H E S Z F D G Z Q V M J A H
F C Q T I O E N C E F C U U E Q
```

ŠIRINA   LITER
BAJT   MASA
DECIMALNO   METER
TEŽA   MINUTA
STOPNJA   GLOBINA
GRAM   TON
VIŠINA   UNČA
KILOGRAM   CENTIMETER
KILOMETER   PALCA
DOLŽINA

94 - Boxen

```
A W C P I Y C Q L A F J U K N Q
H P R T S E P M I A S E Z Q C P
N L D O A S Y M G H Q T O W E S
S A N Č E A P V R V I E N A R F
F O S K I N W R C W C L A G O V
N R D P Y S D N E J R O J O B K
Q T G N R M L V N T B B O O R O
E I B T I O R Z O T N K Q T A M
C H P V Y K T M V P Č O M S D O
I Z Č R P A N N Z I S Y S T A L
V V H R S D C V I R Q G B T F E
A A Y F E V K U K U I Y N S C
K K B T C D J K G T F O K U S P
O L Z N P B H D K P B H I Q L W
R T T E W S A F N A H S K B S I
O B N O V I T E V E T Y B I H Y
```

VOGAL

KOMOLEC

IZČRPAN

PEST

SPRETNOST

FOKUS

NASPROTNIK

ZVONEC

ROKAVICE

BOREC

BRCI

BRADA

TELO

TOČK

OBNOVITEV

SODNIK

HITRO

VRVI

MOČ

RANE

95 - Psychologie

```
P  Q  F  T  U  D  A  J  I  P  A  R  E  T  N  L
P  E  N  A  C  O  V  T  Š  O  R  T  O  S  E  Z
B  J  R  L  Y  D  U  Y  Y  D  E  O  P  S  Z  P
O  N  K  C  F  Y  S  L  L  Z  J  N  N  P  A  V
S  A  E  L  E  E  M  H  J  A  M  L  F  O  V  P
E  V  T  K  I  P  G  C  H  V  E  N  H  M  E  L
B  O  U  O  S  N  C  W  W  E  L  D  J  I  S  I
N  N  Č  N  D  E  I  I  E  S  B  R  L  N  T  V
O  E  B  F  R  J  H  Č  J  T  O  G  E  I  E  I
S  M  O  L  D  L  M  P  N  A  R  C  C  E  N  P
T  I  Q  I  Z  F  Z  H  A  I  P  U  E  J  E  W
T  M  Q  K  V  T  O  O  S  L  K  J  J  N  Z  O
C  W  K  T  K  G  Z  K  H  Y  W  N  E  E  A  M
R  E  S  N  I  Č  N  O  S  T  F  J  D  D  D  P
M  I  S  L  I  Y  E  O  T  N  L  G  I  E  V  J
P  M  N  P  I  E  W  L  G  B  T  U  H  V  V  Z
```

OCENA	OSEBNOST
NEZAVESTEN	PROBLEM
EGO	OBČUTEK
VPLIVI	IMENOVANJE
SPOMINI	TERAPIJA
MISLI	SANJE
IDEJE	PODZAVEST
OTROŠTVO	VEDENJE
KLINIČNI	PERCEPCIJA
KONFLIKT	RESNIČNOST

96 - Bauernhof #2

```
A P Q U C L A N I T E J N G A J
O Y Y E Q J H S A M B P D M J L
E E O M S C Y N C M E O O Z B V
C T Ž I V A L I A E A J Q C V G
M C O P Y F T Y R Z S K D G B C
D R B F M D R O F H T T A E J W
O M L P M C I R P K W W L N N T
Z B R Y T L Y H Q A P K A S J W
R I T S A P E O B C N E M A N E
E N A K I G O K C I N J A D E T
L H Z O V C E K O N L Q T J D R
N D U D S P H Z T E L C C E E A
U T R A K T O R B Š I R B T K V
Z E O J E Č M E N P M K K W S N
H M K Z E L E N J A V A T O J I
G K S A D O V N J A K K Q J E K
```

KMET
NAMAKANJE
PANJ
RACA
SADJE
ZELENJAVA
JEČMEN
LAMA
JAGNJETINA
KORUZA

MLEKO
SADOVNJAK
ZREL
OVCE
PASTIR
SKEDENJ
ŽIVALI
TRAKTOR
PŠENICA
TRAVNIK

97 - Gartenarbeit

```
B  N  A  M  P  G  S  W  Y  S  U  S  N  B  P  Š
O  K  S  N  O  Z  E  S  I  E  T  S  R  V  F  O
T  S  I  L  E  Z  B  B  G  M  O  B  P  Y  F  P
A  F  Z  K  C  V  E  T  B  E  N  I  V  R  Z  E
N  G  L  T  O  P  K  A  J  N  V  O  D  A  S  K
I  V  O  D  A  M  O  E  L  A  G  A  L  V  E  T
Č  N  P  S  V  A  P  S  L  F  V  N  M  E  K  T
N  L  I  S  T  J  E  O  O  P  Y  T  H  C  S  K
I  E  R  S  T  I  F  O  S  D  H  I  K  G  O  G
U  F  H  U  L  N  J  G  Q  T  A  Ž  O  H  T  V
S  R  N  M  A  A  B  P  G  G  M  U  W  W  I  V
H  U  B  E  C  Z  P  O  D  N  E  B  J  E  Č  C
Z  E  L  U  E  A  R  W  Y  L  W  E  R  D  N  A
C  N  Q  T  U  M  D  D  S  J  A  O  W  C  O  E
I  Z  W  T  T  U  P  Z  D  D  H  D  Y  T  L  U
D  I  Y  N  W  S  J  U  R  F  I  V  B  A  L  E
```

VRSTE	KOMPOST
LIST	LISTJE
CVET	SADOVNJAK
PRST	SEMENA
BOTANIČNI	SEZONSKO
POSODA	CEV
UŽITNA	UMAZANIJA
EKSOTIČNO	ŠOPEK
VLAGA	VODA
PODNEBJE	

98 - Berufe #2

```
Z  N  I  F  Q  K  I  R  U  R  G  C  W  Z  P  J
V  O  H  N  O  K  J  M  A  U  P  E  G  O  K  M
G  V  K  J  Ž  T  P  K  G  K  K  V  E  O  I  Y
P  I  I  L  Q  E  O  K  J  E  I  O  D  L  N  W
I  N  M  O  H  Y  N  G  P  K  N  L  W  O  V  G
L  A  U  V  Y  Y  F  I  R  U  J  S  S  G  A  O
O  R  A  N  T  R  V  I  R  A  H  O  E  O  R  L
T  V  E  M  R  R  M  A  J  U  F  K  Z  J  D  O
F  I  L  O  Z  O  F  J  L  E  T  I  M  U  Z  I
I  N  V  I  T  K  E  T  E  D  B  Z  U  J  R  B
A  S  T  R  O  N  A  V  T  T  Y  E  R  N  A  N
J  O  R  T  B  N  M  T  I  C  P  J  Y  O  E  P
Q  C  O  G  P  O  R  A  Č  I  N  Ž  I  J  N  K
R  R  H  Q  R  V  O  P  U  M  V  O  O  N  Y  A
T  Q  R  A  Z  I  S  K  O  V  A  L  E  C  S  U
U  I  L  U  S  T  R  A  T  O  R  R  D  G  F  O
```

ZDRAVNIK	ILUSTRATOR
ASTRONAVT	INŽENIR
KNJIŽNIČAR	NOVINAR
BIOLOG	UČITELJ
KIRURG	JEZIKOSLOVEC
DETEKTIV	SLIKAR
IZUMITELJ	FILOZOF
RAZISKOVALEC	PILOT
FOTOGRAF	ZOOLOG
VRTNAR	

99 - Wetter

```
V P W F U H F M O U O D O B W O
E O B E N Z Q J A M F K D J Q D
T L T E M P E R A T U R A G F J
E A Š U S W I D I G B G N F I A
R R I Y O A J K U A C I R V A M
R N U S N O M F Y S T W O O H E
A I V Y C M I S Y A V W T S M O
T K A L B O E J B E N D O P J R
M S T R E L E G T K N I K A V K
O P T Z C B S U L M E S Q H L A
S O Y H J M Q U E A V N Q D H N
F R G C K T F P H Č I R T E V F
E T Q Q F S L D Y A H I Q T U Q
R P G L I H E P K B T J Y E L Z
A I M M L O D F F U A R L S A Y
S O D S M W D O G T T J V D K N
```

ATMOSFERA   MEGLA
STRELE   POLARNI
VETRIČ   MAVRICA
GROM   NEVIHTA
SUŠA   TEMPERATURA
LED   TORNADO
NEBO   SUHA
ORKAN   TROPSKI
PODNEBJE   VETER
MONSUN   OBLAK

100 - Chemie

```
R E A K C I J A N I Č O K E T T
B E S Ž R P H J O I H M I C N E
J T N Y E I S P I K V M J S O M
U L I O T T S W L S O M L B R P
M O L E K U L A M N D P G G T E
K D P T O P L O T A I R O L K R
P I J Y W R A E V G K M W H E A
Z P S E F V T Q J R P J R E L T
D Y F L D K F H W O Q W A S E U
C Y K I I R K F O C V Y W W J R
F L D J P N S K Y Y V N D Q V A
M O C A N L A K L A O P A H B E
S O L Z T Q W F O T L O B Z K S
K A T A L I Z A T O R S V Y R L
Z T P H D P I W P A A Y L C O W
N F L K I S I K E J M C M Y D W
```

ALKALNA	OGLJIK
KLOR	MOLEKULA
ELEKTRON	JEDRSKO
ENCIM	ORGANSKI
TEKOČINA	REAKCIJA
PLIN	SOL
TEŽA	KISIK
TOPLOTA	KISLINA
ION	TEMPERATURA
KATALIZATOR	VODIK

1 - Gesundheit und Wellness #2

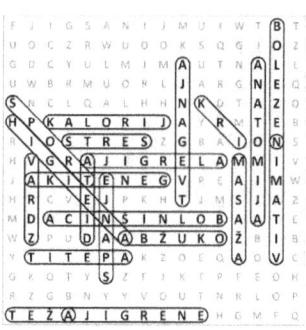

2 - Ozean

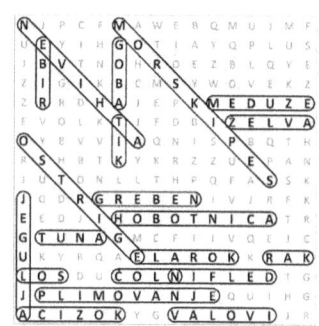

3 - Krankheit

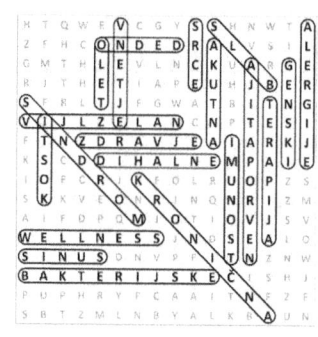

4 - Meditation

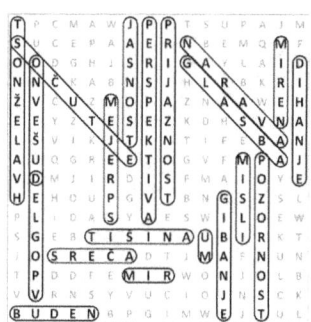

5 - Archäologie

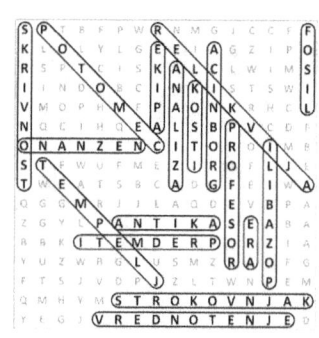

6 - Insekten

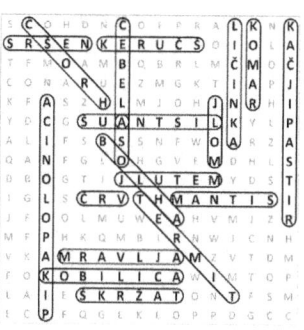

7 - Gesundheit und Wellness #1

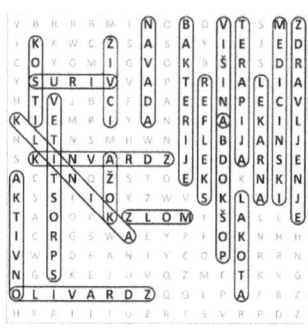

8 - Obst

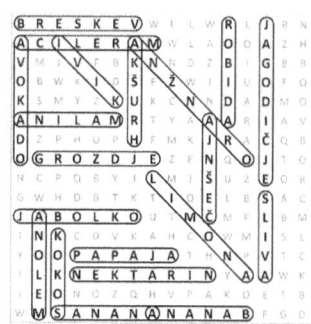

9 - Camping

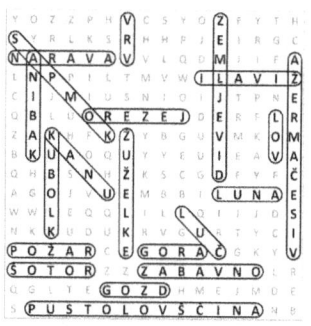

10 - Zeit

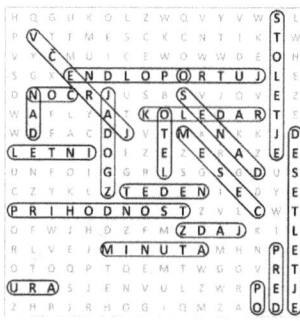

11 - Säugetiere

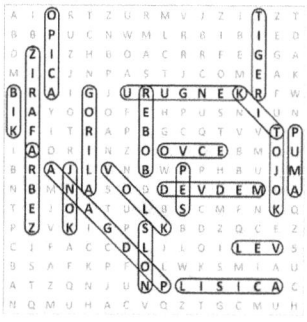

12 - Algebra

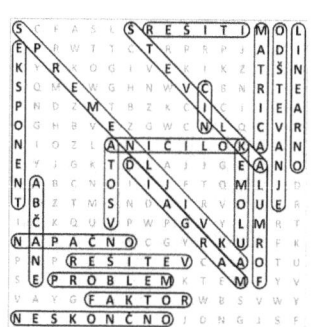

13 - Philanthropie

14 - Diplomatie

15 - Astronomie

16 - Geologie

17 - Wissenschaft

18 - Bildende Kunst

19 - Mythologie

20 - Restaurant #2

21 - Ökologie

22 - Schokolade

23 - Boote

24 - Stadt

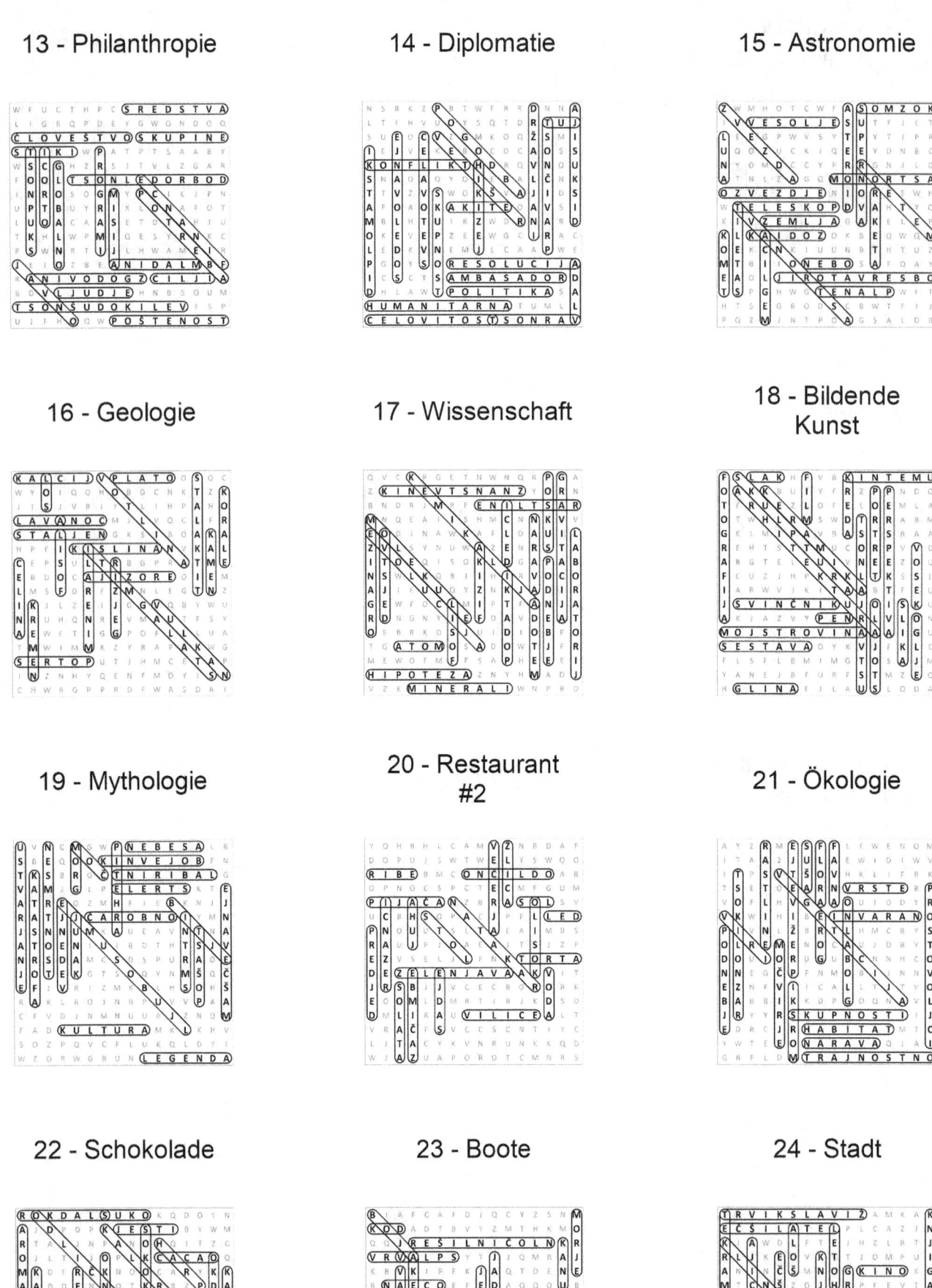

25 - Aktivitäten

26 - Bienen

27 - Wissenschaftliche

28 - Vögel

29 - Biologie

30 - Elektrizität

31 - Garten

32 - Antarktis

33 - Fahren

34 - Physik

35 - Bücher

36 - Menschlicher Körper

37 - Agronomie

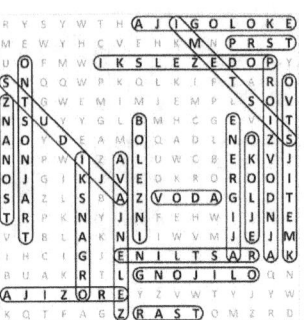

38 - Landschaften

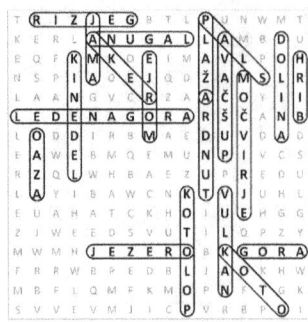

39 - Abenteuer

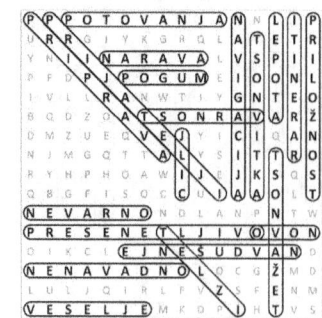

40 - Flugzeuge

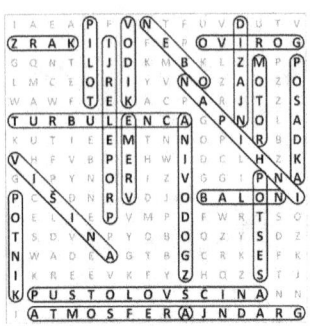

41 - Haartypen

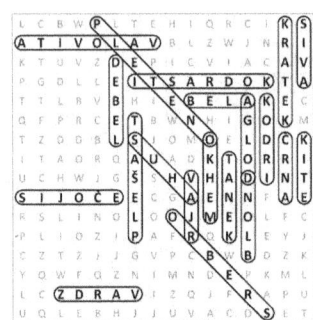

42 - Essen #1

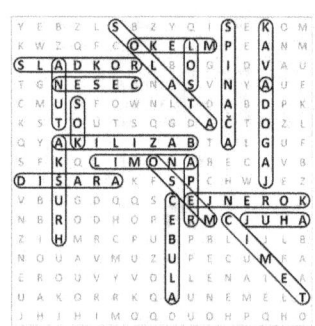

43 - Gebäude

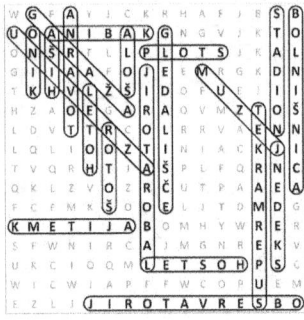

44 - Essen #2

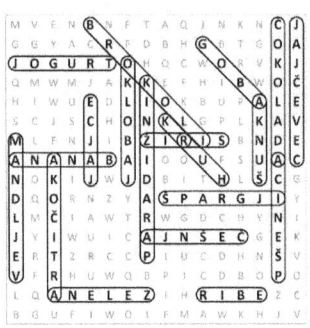

45 - Energie

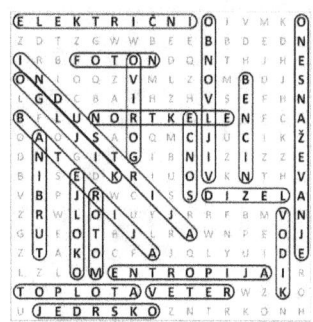

46 - Familie

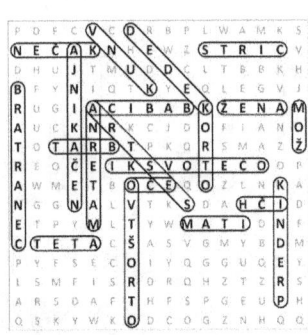

47 - Pflanzen

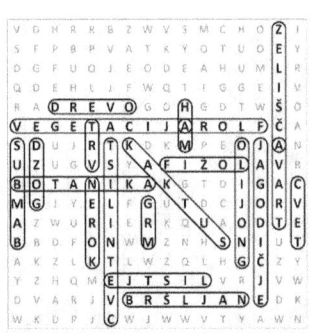

48 - Gewürze

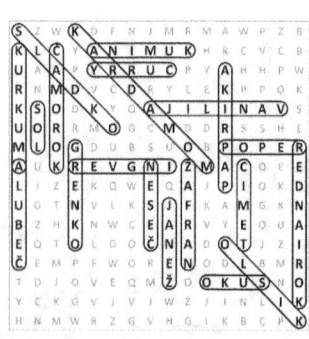

49 - Kreativität

50 - Geschäft

51 - Ingenieurwesen

52 - Gemüse

53 - Schönheit

54 - Tanzen

55 - Ernährung

56 - Länder #1

57 - Technologie

58 - Wasser

59 - Science Fiction

60 - Literatur

61 - Wandern

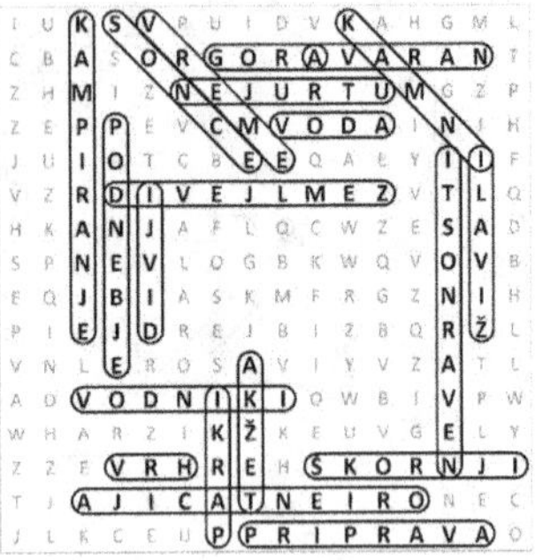

62 - Globale Erwärmung

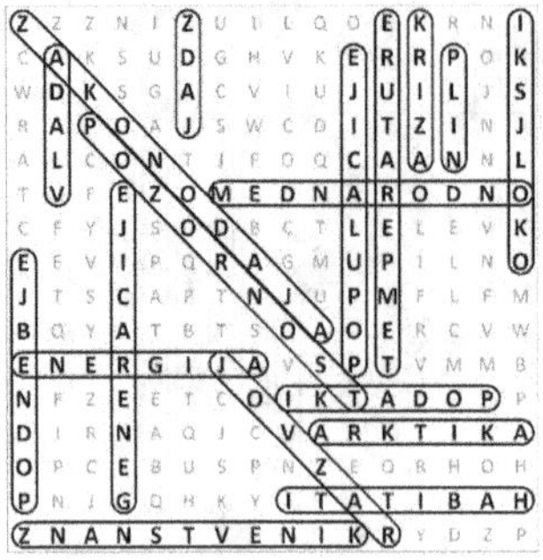

63 - Länder #2

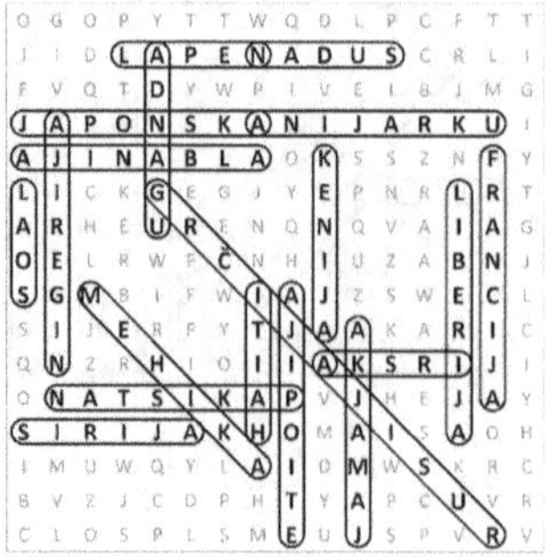

64 - Fahrzeuge

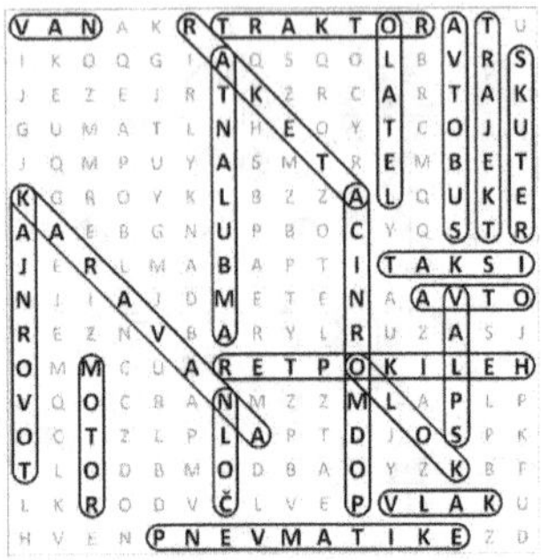

65 - Musikinstrumente

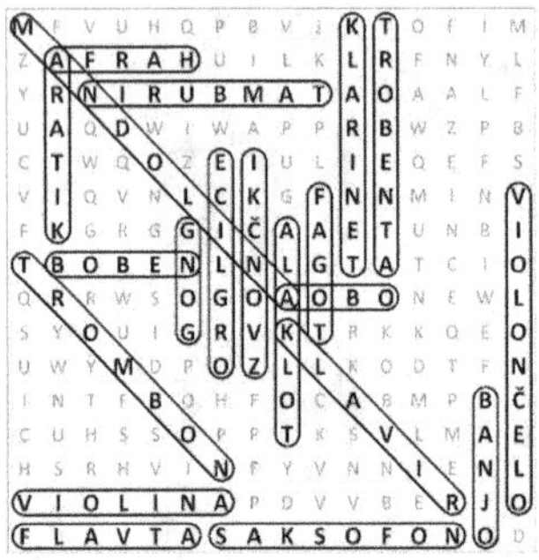

66 - Blumen

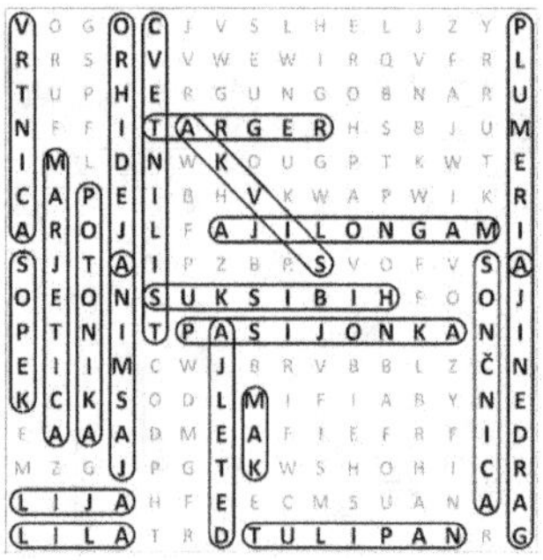

67 - Natur

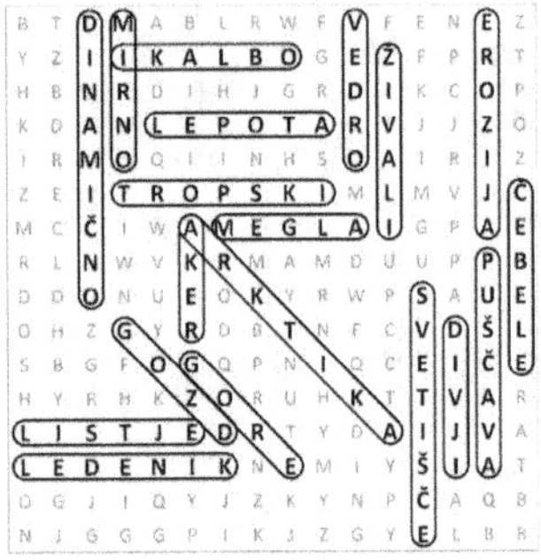

68 - Urlaub #2

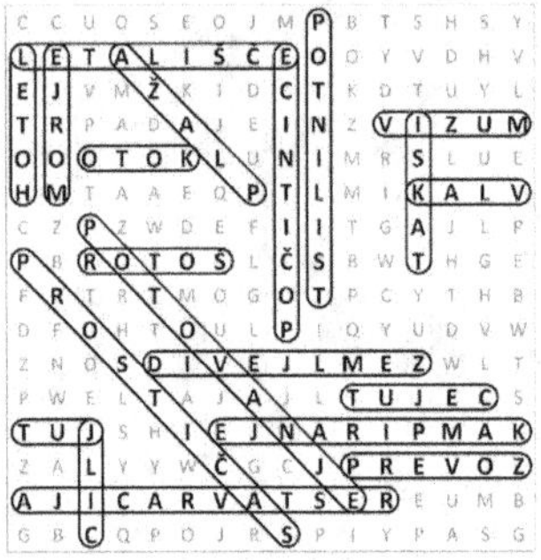

69 - Barbecues

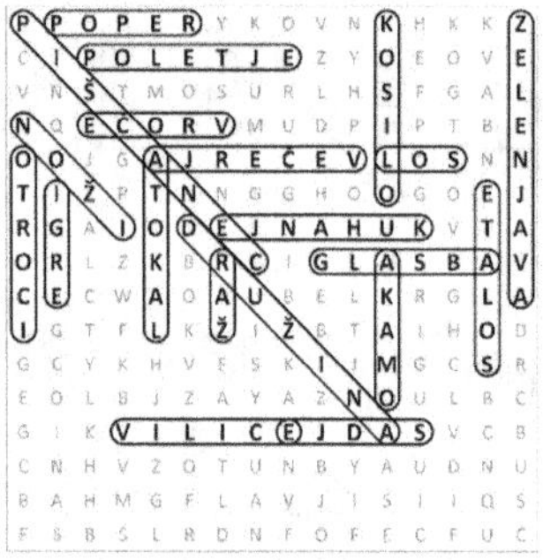

70 - Küche

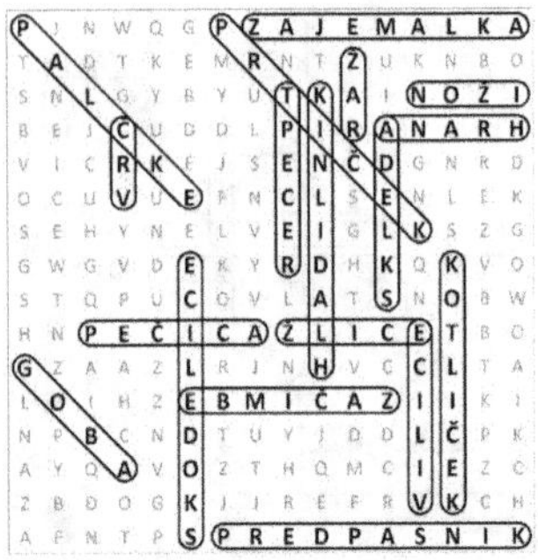

71 - Geographie

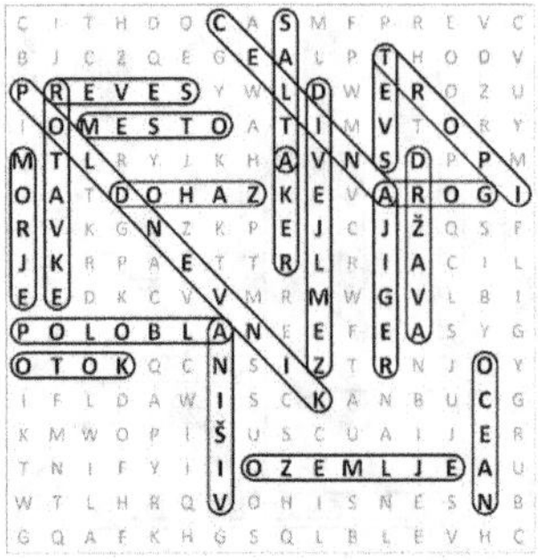

72 - Zahlen

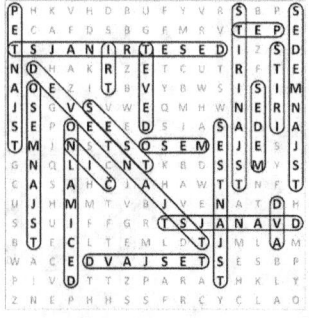

73 - Kunst Liefert

74 - Tage und Monate

75 - Emotionen

76 - Das Unternehmen

77 - Kräuterkunde

78 - Aktivitäten und Freizeit

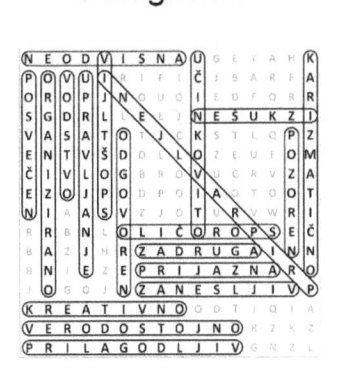
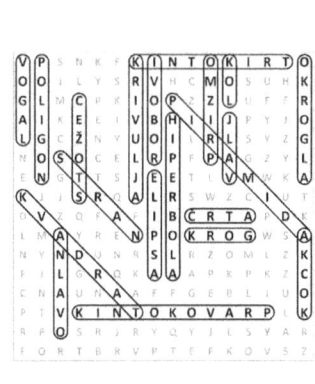
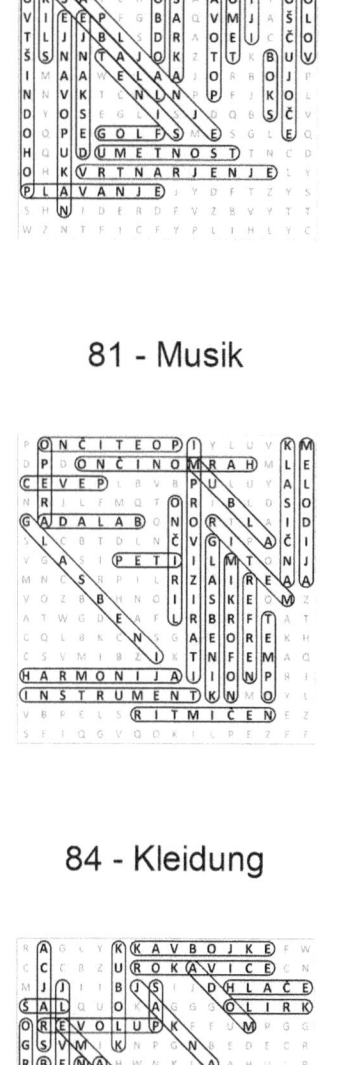

79 - Job Fähigkeiten

80 - Formen

81 - Musik

82 - Antiquitäten

83 - Adjektive #2

84 - Kleidung

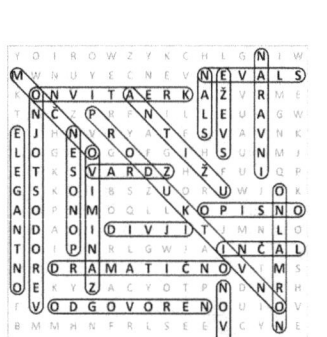
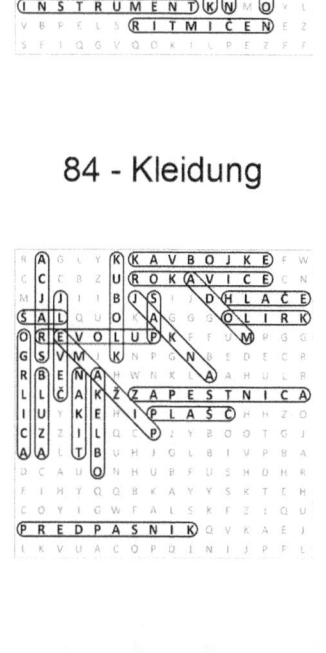

85 - Haus

86 - Bauernhof #1

87 - Regierung

88 - Berufe #1

89 - Adjektive #1

90 - Geometrie

91 - Jazz

92 - Mathematik

93 - Messungen

94 - Boxen

95 - Psychologie

96 - Bauernhof #2

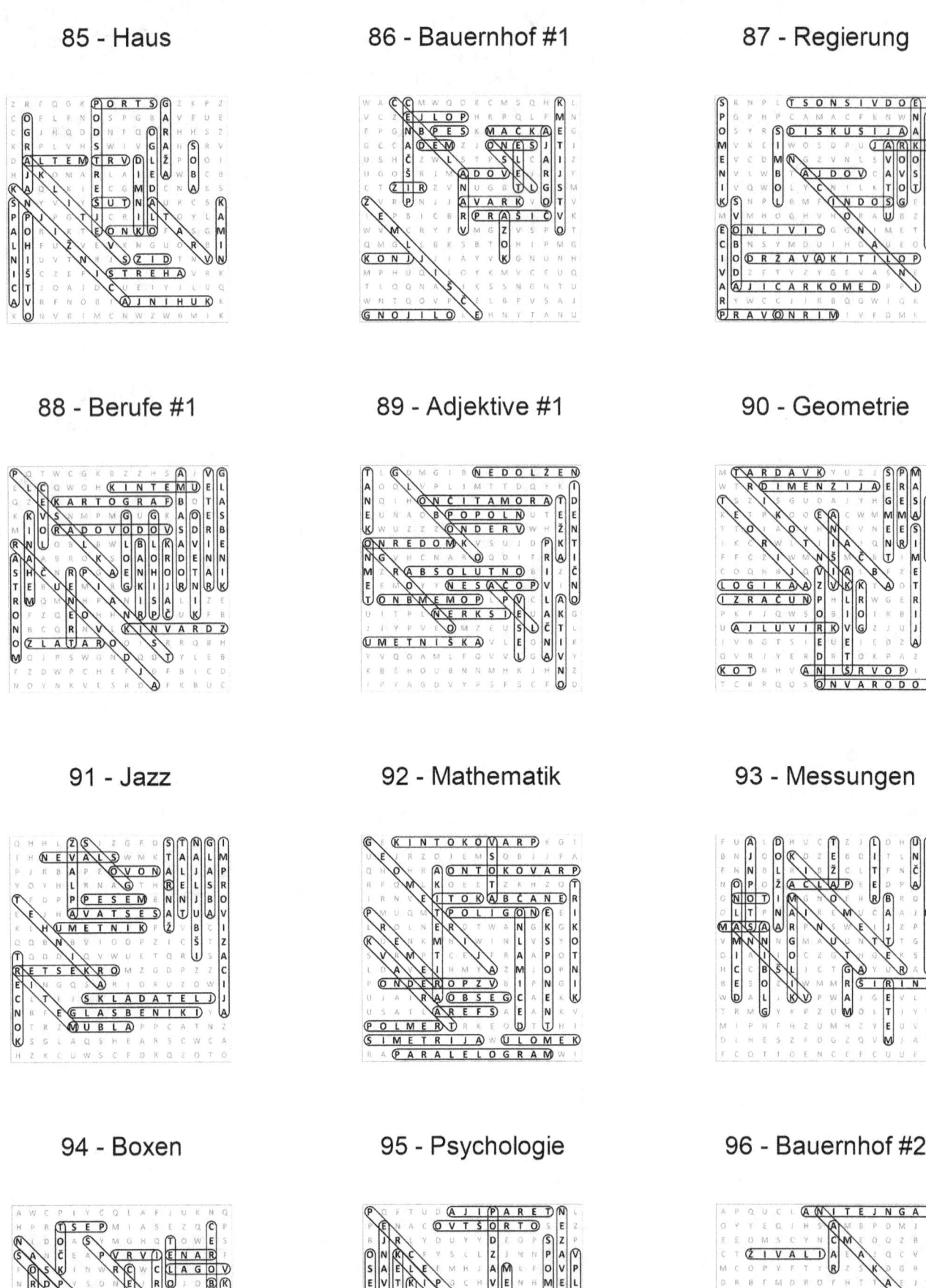

97 - Gartenarbeit

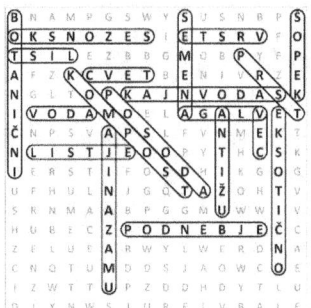

98 - Berufe #2

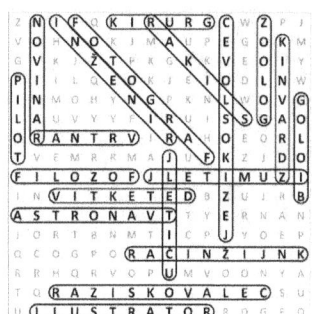

99 - Wetter

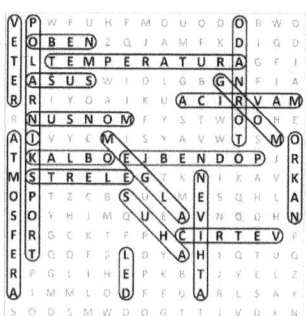

100 - Chemie

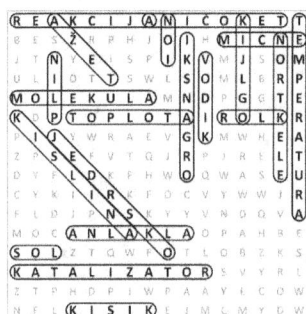

Wörterbuch

Abenteuer
Pustolovščina

Aktivität	Aktivnost
Ausflug	Izlet
Begeisterung	Navdušenje
Chance	Priložnost
Freude	Veselje
Freunde	Prijatelji
Gefährlich	Nevarno
Natur	Narava
Navigation	Navigacija
Neu	Novo
Reisen	Potovanja
Route	Itinerar
Schönheit	Lepota
Schwierigkeit	Težavnost
Sicherheit	Varnost
Tapferkeit	Pogum
Ungewöhnlich	Nenavadno
Überraschend	Presenetljivo
Vorbereitung	Priprava
Ziel	Cilj

Adjektive #1
Pridevniki #1

Absolut	Absolutno
Aktiv	Aktivno
Aromatisch	Aromatično
Attraktiv	Privlačna
Dunkel	Temno
Dünn	Tanek
Ehrlich	Iskren
Glücklich	Vesel
Identisch	Identično
Künstlerisch	Umetniška
Langsam	Počasen
Modern	Moderno
Perfekt	Popoln
Riesig	Ogromno
Schön	Lepa
Schwer	Težka
Tief	Globoko
Unschuldig	Nedolžen
Wertvoll	Vredno
Wichtig	Pomembno

Adjektive #2
Pridevniki #2

Authentisch	Verodostojno
Berühmt	Slaven
Beschreibend	Opisno
Dramatisch	Dramatično
Elegant	Elegantno
Essbar	Užitna
Frisch	Sveže
Gesund	Zdrav
Hungrig	Lačni
Interessant	Zanimivo
Kreativ	Kreativno
Natürlich	Naravni
Neu	Novo
Normal	Normalno
Produktiv	Produktivno
Salzig	Slan
Stark	Močno
Stolz	Ponosen
Verantwortlich	Odgovoren
Wild	Divji

Agronomie
Agronomija

Boden	Prst
Dünger	Gnojilo
Energie	Energija
Erosion	Erozija
Gemüse	Zelenjava
Krankheit	Bolezni
Landwirtschaft	Kmetijstvo
Ländlich	Podeželski
Nachhaltig	Trajnostno
Organisch	Organski
Ökologie	Ekologija
Pflanzen	Rastline
Produktion	Proizvodnja
Studie	Študija
Systeme	Sistemi
Umwelt	Okolje
Verschmutzung	Onesnaževanje
Wachstum	Rast
Wasser	Voda
Wissenschaft	Znanost

Aktivitäten
Dejavnosti

Aktivität	Aktivnost
Angeln	Ribolov
Camping	Kampiranje
Entspannung	Sprostitev
Fotografie	Fotografija
Freizeit	Prosti Čas
Gartenarbeit	Vrtnarjenje
Gemälde	Slika
Jagd	Lov
Keramik	Keramika
Kunst	Umetnost
Kunsthandwerk	Obrti
Lesen	Branje
Magie	Magija
Nähen	Šivanje
Spiele	Igre
Stricken	Pletenje
Tanzen	Ples
Vergnügen	Užitek
Wandern	Pohodništvo

Aktivitäten und Freizeit
Aktivnosti in Prosti Čas

Angeln	Ribolov
Baseball	Baseball
Basketball	Košarka
Boxen	Boks
Camping	Kampiranje
Einkaufen	Nakupovanje
Entspannend	Sproščujoče
Fussball	Nogomet
Gartenarbeit	Vrtnarjenje
Gemälde	Slika
Golf	Golf
Hobbies	Hobiji
Kunst	Umetnost
Reise	Potovanje
Schwimmen	Plavanje
Surfen	Deskanje
Tauchen	Potapljanje
Tennis	Tenis
Volleyball	Odbojka
Wandern	Pohodništvo

Algebra
Algebra

Bruchteil	Ulomek
Diagramm	Diagram
Exponent	Eksponent
Faktor	Faktor
Falsch	Napačno
Formel	Formula
Gleichung	Enačba
Linear	Linearno
Lösen	Rešiti
Lösung	Rešitev
Matrix	Matrica
Menge	Količina
Null	Nič
Nummer	Številka
Problem	Problem
Subtraktion	Odštevanje
Summe	Vsota
Unendlich	Neskončno
Variable	Spremenljivka
Vereinfachen	Poenostaviti

Antarktis
Antarktika

Bucht	Zaliv
Eis	Led
Erhaltung	Ohranjanje
Expedition	Ekspedicija
Felsig	Skalnata
Forscher	Raziskovalec
Geographie	Geografija
Gletscher	Ledeniki
Halbinsel	Polotok
Kontinent	Celina
Migration	Migracija
Mineralien	Minerali
Temperatur	Temperatura
Topographie	Topografija
Umwelt	Okolje
Vögel	Ptice
Wasser	Voda
Wetter	Vreme
Wind	Vetrovi
Wissenschaftlich	Znanstveni

Antiquitäten
Starine

Alt	Star
Authentisch	Verodostojno
Dekorativ	Okrasna
Elegant	Elegantno
Enthusiast	Entuziast
Galerie	Galerija
Gemälde	Slike
Investition	Naložbe
Jahrhundert	Stoletje
Kunst	Umetnost
Möbel	Pohištvo
Münzen	Kovanci
Preis	Cena
Qualität	Kakovost
Schmuck	Nakit
Skulptur	Kiparstvo
Stil	Slog
Ungewöhnlich	Nenavadno
Wert	Vrednost
Zustand	Pogoj

Archäologie
Arheologija

Analyse	Analiza
Antiquität	Antika
Auswertung	Vrednotenje
Ära	Era
Experte	Strokovnjak
Forscher	Raziskovalec
Fossil	Fosil
Geheimnis	Skrivnost
Grab	Grobnica
Knochen	Kosti
Mannschaft	Ekipa
Nachkomme	Potomec
Objekte	Predmeti
Professor	Profesor
Relikt	Relikvija
Tempel	Tempelj
Unbekannt	Neznano
Vergessen	Pozabili
Zivilisation	Civilizacija

Astronomie
Astronomija

Asteroid	Asteroid
Astronaut	Astronavt
Astronom	Astronom
Erde	Zemlja
Himmel	Nebo
Komet	Komet
Konstellation	Ozvezdje
Kosmos	Kozmos
Meteor	Meteor
Mond	Luna
Nebel	Meglica
Observatorium	Observatorij
Planet	Planet
Rakete	Raketa
Satellit	Satelit
Stern	Zvezda
Supernova	Supernova
Teleskop	Teleskop
Tierkreis	Zodiak
Universum	Vesolje

Barbecues
Ražnji

Abendessen	Večerja
Familie	Družina
Frucht	Sadje
Gabeln	Vilice
Gemüse	Zelenjava
Grill	Žar
Heiss	Vroče
Huhn	Piščanec
Hunger	Lakota
Kinder	Otroci
Kochen	Kuhanje
Messer	Noži
Mittagessen	Kosilo
Musik	Glasba
Pfeffer	Poper
Salate	Solate
Salz	Sol
Sommer	Poletje
Sosse	Omaka
Spiele	Igre

Bauernhof #1
Kmetija #1

Biene	Čebela
Dünger	Gnojilo
Esel	Osel
Feld	Polje
Heu	Seno
Honig	Med
Huhn	Piščanec
Hund	Pes
Kalb	Tele
Katze	Mačka
Krähe	Vrana
Kuh	Krava
Land	Zemljišče
Landwirtschaft	Kmetijstvo
Pferd	Konj
Reis	Riž
Schwein	Prašič
Wasser	Voda
Zaun	Ograja
Ziege	Koza

Bauernhof #2
Kmetija #2

Bauer	Kmet
Bewässerung	Namakanje
Bienenstock	Panj
Ente	Raca
Frucht	Sadje
Gemüse	Zelenjava
Gerste	Ječmen
Lama	Lama
Lamm	Jagnjetina
Mais	Koruza
Milch	Mleko
Obstgarten	Sadovnjak
Reif	Zrel
Schaf	Ovce
Schäfer	Pastir
Scheune	Skedenj
Tiere	Živali
Traktor	Traktor
Weizen	Pšenica
Wiese	Travnik

Berufe #1
Poklici #1

Arzt	Zdravnik
Astronom	Astronom
Bankier	Bankir
Botschafter	Ambasador
Buchhalter	Računovodja
Geologe	Geolog
Jäger	Lovec
Juwelier	Zlatar
Kartograph	Kartograf
Klempner	Vodovodar
Künstler	Umetnik
Mechaniker	Mehanik
Musiker	Glasbenik
Pianist	Pianist
Psychologe	Psiholog
Rechtsanwalt	Odvetnik
Schneider	Krojač
Tänzer	Plesalka
Tierarzt	Veterinar
Trainer	Trener

Berufe #2
Poklici #2

Arzt	Zdravnik
Astronaut	Astronavt
Bibliothekar	Knjižničar
Biologe	Biolog
Chirurg	Kirurg
Detektiv	Detektiv
Erfinder	Izumitelj
Forscher	Raziskovalec
Fotograf	Fotograf
Gärtner	Vrtnar
Illustrator	Ilustrator
Ingenieur	Inženir
Journalist	Novinar
Lehrer	Učitelj
Linguist	Jezikoslovec
Maler	Slikar
Philosoph	Filozof
Pilot	Pilot
Zahnarzt	Zobozdravnik
Zoologe	Zoolog

Bienen
Čebele

Bestäuber	Opraševalec
Bienenkorb	Panj
Blumen	Cvetje
Blüte	Cvet
Flügel	Krila
Frucht	Sadje
Garten	Vrt
Honig	Med
Insekt	Žuželke
Königin	Kraljica
Lebensraum	Habitat
Ökosystem	Ekosistem
Pflanzen	Rastline
Pollen	Cvetni Prah
Rauch	Dim
Schwarm	Roj
Sonne	Sonce
Vielfalt	Raznolikost
Vorteilhaft	Koristno
Wachs	Vosek

Bildende Kunst
Vizualne Umetnosti

Architektur	Arhitektura
Bleistift	Svinčnik
Film	Film
Foto	Fotografija
Gemälde	Slika
Holzkohle	Oglje
Keramik	Keramika
Kreativität	Ustvarjalnost
Kreide	Kreda
Künstler	Umetnik
Lack	Lak
Meisterwerk	Mojstrovina
Perspektive	Perspektiva
Porträt	Portret
Skulptur	Skulptura
Staffelei	Stojalo
Stift	Pen
Ton	Glina
Wachs	Vosek
Zusammensetzung	Sestava

Biologie
Biologija

Anatomie	Anatomija
Chromosom	Kromosom
Embryo	Zarodek
Enzym	Encim
Evolution	Evolucija
Hormon	Hormon
Kollagen	Kolagen
Mutation	Mutacija
Natürlich	Naravni
Nerv	Živec
Neuron	Nevron
Osmose	Osmoza
Pflanzen	Rastline
Photosynthese	Fotosinteza
Protein	Beljakovine
Reptil	Plazilec
Säugetier	Sesalec
Symbiose	Simbioza
Synapse	Sinapse
Zelle	Celica

Blumen
Cvetovi

Blütenblatt	Cvetni List
Gardenie	Gardenija
Gänseblümchen	Marjetica
Hibiskus	Hibiskus
Jasmin	Jasmina
Klee	Detelja
Lavendel	Sivka
Lila	Lila
Lilie	Lija
Löwenzahn	Regrat
Magnolie	Magnolija
Mohn	Mak
Orchidee	Orhideja
Passionsblume	Pasijonka
Pfingstrose	Potonika
Plumeria	Plumeria
Rose	Vrtnica
Sonnenblume	Sončnica
Strauss	Šopek
Tulpe	Tulipan

Boote
Čolni

Anker	Sidro
Boje	Boja
Crew	Posadka
Dock	Dok
Fähre	Trajekt
Floss	Splav
Fluss	Reka
Kajak	Kajak
Kanu	Kanu
Mast	Jambor
Meer	Morje
Motor	Motor
Nautisch	Navtično
Ozean	Ocean
Rettungsboot	Rešilni Čoln
See	Jezero
Segelboot	Jadrnica
Seil	Vrv
Wellen	Valovi
Yacht	Jahta

Boxen
Boks

Ecke	Vogal
Ellbogen	Komolec
Erschöpft	Izčrpan
Faust	Pest
Fähigkeit	Spretnost
Fokus	Fokus
Gegner	Nasprotnik
Glocke	Zvonec
Handschuhe	Rokavice
Kämpfer	Borec
Kick	Brci
Kinn	Brada
Körper	Telo
Punkte	Točk
Recovery	Obnovitev
Schiedsrichter	Sodnik
Schnell	Hitro
Seile	Vrvi
Stärke	Moč
Verletzungen	Rane

Bücher
Knjige

Abenteuer	Pustolovščina
Autor	Avtor
Dualität	Dvojnost
Episch	Epski
Erfinderisch	Iznajdljiv
Gedicht	Pesem
Geschichte	Zgodba
Geschrieben	Pisno
Historisch	Zgodovinski
Humorvoll	Šaljiv
Kollektion	Zbirka
Kontext	Kontekst
Leser	Bralec
Literarisch	Literarno
Poesie	Poezija
Relevant	Relevantno
Roman	Roman
Seite	Stran
Serie	Serija
Tragisch	Tragično

Camping
Kampiranje

Abenteuer	Pustolovščina
Berg	Gora
Feuer	Požar
Hängematte	Viseča Mreža
Hut	Klobuk
Insekt	Žuželke
Jagd	Lov
Kabine	Kabina
Kanu	Kanu
Karte	Zemljevid
Kompass	Kompas
Laterne	Luč
Mond	Luna
Natur	Narava
See	Jezero
Seil	Vrv
Spass	Zabavno
Tiere	Živali
Wald	Gozd
Zelt	Šotor

Chemie
Kemija

Alkalisch	Alkalna
Chlor	Klor
Elektron	Elektron
Enzym	Encim
Flüssigkeit	Tekočina
Gas	Plin
Gewicht	Teža
Hitze	Toplota
Ion	Ion
Katalysator	Katalizator
Kohlenstoff	Ogljik
Molekül	Molekula
Nuklear	Jedrsko
Organisch	Organski
Reaktion	Reakcija
Salz	Sol
Sauerstoff	Kisik
Säure	Kislina
Temperatur	Temperatura
Wasserstoff	Vodik

Das Unternehmen
Podjetje

Beschäftigung	Zaposlitev
Einheiten	Enot
Einnahmen	Prihodki
Entscheidung	Odločitev
Fortschritt	Napredek
Geschäft	Posel
Global	Globalno
Industrie	Industrija
Innovativ	Inovativno
Investition	Naložbe
Kreativ	Kreativno
Löhne	Plače
Möglichkeit	Možnost
Präsentation	Predstavitev
Produkt	Izdelek
Professionell	Strokovno
Qualität	Kakovost
Ressourcen	Viri
Risiken	Tveganja
Ruf	Ugled

Diplomatie
Diplomacija

Auflösung	Resolucija
Ausländisch	Tuj
Berater	Svetovalec
Botschafter	Ambasador
Bürger	Državljani
Diplomatisch	Diplomatski
Diskussion	Diskusija
Ethik	Etika
Gemeinschaft	Skupnost
Gerechtigkeit	Pravičnost
Humanitär	Humanitarna
Integrität	Celovitost
Konflikt	Konflikt
Lösung	Rešitev
Politik	Politika
Regierung	Vlada
Sicherheit	Varnost
Sprachen	Jezikih
Vertrag	Pogodba
Zusammenarbeit	Sodelovanje

Elektrizität
Električna Energija

Ausrüstung	Oprema
Batterie	Baterija
Drähte	Žice
Elektriker	Električar
Elektrisch	Električni
Fernsehen	Televizija
Generator	Generator
Kabel	Kabel
Lagerung	Skladiščenje
Lampe	Svetilka
Laser	Laser
Magnet	Magnet
Menge	Količina
Negativ	Negativno
Netzwerk	Omrežje
Objekte	Predmeti
Positiv	Pozitiven
Steckdose	Vtičnica
Telefon	Telefon

Emotionen
Čustva

Angst	Strah
Aufgeregt	Navdušen
Dankbar	Hvaležen
Entspannt	Sproščen
Freude	Veselje
Freundlichkeit	Prijaznost
Frieden	Mir
Inhalt	Vsebina
Langeweile	Dolgčas
Liebe	Ljubezen
Relief	Relief
Ruhe	Spokojnost
Ruhig	Miren
Sympathie	Sočutje
Traurigkeit	Žalost
Überraschen	Presenečenje
Wut	Jeza
Zärtlichkeit	Nežnost
Zufrieden	Zadovoljni

Energie
Energetika

Batterie	Baterija
Benzin	Bencin
Brennstoff	Gorivo
Diesel	Dizel
Elektrisch	Električni
Elektron	Elektron
Entropie	Entropija
Erneuerbar	Obnovljiv
Hitze	Toplota
Industrie	Industrija
Kohlenstoff	Ogljik
Motor	Motor
Nuklear	Jedrsko
Photon	Foton
Sonne	Sonce
Turbine	Turbina
Umwelt	Okolje
Verschmutzung	Onesnaževanje
Wasserstoff	Vodik
Wind	Veter

Ernährung
Prehrana

Appetit	Apetit
Ausgewogen	Uravnoteženo
Bitter	Grenko
Diät	Dieta
Essbar	Užitna
Fermentation	Fermentacija
Geschmack	Okus
Gesund	Zdrav
Gesundheit	Zdravje
Getreide	Žita
Gewicht	Teža
Kalorien	Kalorij
Nährstoff	Hranilo
Portion	Del
Proteine	Beljakovine
Qualität	Kakovost
Sosse	Omaka
Toxin	Toksin
Verdauung	Prebava
Vitamin	Vitamin

Essen #1
Hrana #1

Basilikum	Bazilika
Birne	Hruška
Erdbeere	Jagoda
Erdnuss	Arašid
Fleisch	Meso
Kaffee	Kava
Karotte	Korenje
Knoblauch	Česen
Milch	Mleko
Rübe	Repa
Saft	Sok
Salat	Solata
Salz	Sol
Spinat	Špinača
Suppe	Juha
Thunfisch	Tuna
Zimt	Cimet
Zitrone	Limona
Zucker	Sladkor
Zwiebel	Čebula

Essen #2
Hrana #2

Apfel	Jabolko
Artischocke	Artičoka
Aubergine	Jajčevec
Banane	Banana
Brokkoli	Brokoli
Brot	Kruh
Ei	Jajce
Fisch	Ribe
Joghurt	Jogurt
Käse	Sir
Kirsche	Češnja
Mandel	Mandljev
Pilz	Goba
Reis	Riž
Schinken	Šunka
Schokolade	Čokolada
Sellerie	Zelena
Spargel	Špargji
Tomate	Paradižnik
Weizen	Pšenica

Fahren
Vožnja

Auto	Avto
Bremsen	Zavore
Brennstoff	Gorivo
Bus	Avtobus
Garage	Garaža
Gas	Plin
Gefahr	Nevarnost
Geschwindigkeit	Hitrost
Karte	Zemljevid
Lizenz	Licenca
Lkw	Tovornjak
Motor	Motor
Motorrad	Motocikel
Polizei	Policija
Sicherheit	Varnost
Transport	Prevoz
Tunnel	Tunel
Unfall	Nesreča
Verkehr	Promet
Vorsicht	Pozor

Fahrzeuge
Vozila

Auto	Avto
Boot	Čoln
Bus	Avtobus
Fahrrad	Kolo
Fähre	Trajekt
Floss	Splav
Flugzeug	Letalo
Hubschrauber	Helikopter
Krankenwagen	Ambulanta
Lkw	Tovornjak
Motor	Motor
Rakete	Raketa
Reifen	Pnevmatike
Roller	Skuter
Taxi	Taksi
Traktor	Traktor
U-Boot	Podmornica
Van	Van
Wohnwagen	Karavana
Zug	Vlak

Familie
Družinska

Bruder	Brat
Ehefrau	Žena
Ehemann	Mož
Enkel	Vnuk
Grossmutter	Babica
Grossvater	Dedek
Kind	Otrok
Kindheit	Otroštvo
Mutter	Mati
Mütterlich	Materna
Neffe	Nečak
Nichte	Nečakinja
Onkel	Stric
Schwester	Sestra
Tante	Teta
Tochter	Hči
Vater	Oče
Väterlich	Očetovski
Vetter	Bratranec
Vorfahr	Prednik

Flugzeuge
Letala

Abenteuer	Pustolovščina
Abstieg	Sestop
Atmosphäre	Atmosfera
Aufblasen	Napihni
Ballon	Balon
Brennstoff	Gorivo
Crew	Posadka
Design	Dizajn
Geschichte	Zgodovina
Himmel	Nebo
Höhe	Višina
Konstruktion	Gradnja
Luft	Zrak
Motor	Motor
Passagier	Potnik
Pilot	Pilot
Propeller	Propelerji
Turbulenz	Turbulenca
Wasserstoff	Vodik
Wetter	Vreme

Formen
Oblike

Bogen	Lok
Dreieck	Trikotnik
Ecke	Vogal
Ellipse	Elipsa
Hyperbel	Hiperbola
Kanten	Robovi
Kegel	Stožec
Kreis	Krog
Kurve	Krivulja
Linie	Črta
Oval	Ovalna
Polygon	Poligon
Prisma	Prizmo
Pyramide	Piramida
Quadrat	Kvadrat
Rechteck	Pravokotnik
Rund	Okrogla
Seite	Stran
Würfel	Kocka
Zylinder	Valj

Garten
Vrt

Bank	Klop
Baum	Drevo
Blume	Cvet
Boden	Prst
Busch	Grm
Garage	Garaža
Garten	Vrt
Gras	Trava
Hängematte	Viseča Mreža
Obstgarten	Sadovnjak
Rasen	Trata
Rechen	Grablje
Schaufel	Lopata
Schlauch	Cev
Teich	Ribnik
Terrasse	Terasa
Trampolin	Trampolin
Unkraut	Plevel
Veranda	Veranda
Zaun	Ograja

Gartenarbeit
Vrtnarjenje

Art	Vrste
Blatt	List
Blüte	Cvet
Boden	Prst
Botanisch	Botanični
Container	Posoda
Essbar	Užitna
Exotisch	Eksotično
Feuchtigkeit	Vlaga
Klima	Podnebje
Kompost	Kompost
Laub	Listje
Obstgarten	Sadovnjak
Saat	Semena
Saisonal	Sezonsko
Schlauch	Cev
Schmutz	Umazanija
Strauss	Šopek
Wasser	Voda

Gebäude
Zgradbe

Bauernhof	Kmetija
Fabrik	Tovarna
Garage	Garaža
Haus	Hiša
Herberge	Hostel
Hotel	Hotel
Kabine	Kabina
Kino	Kino
Krankenhaus	Bolnišnica
Labor	Laboratorij
Museum	Muzej
Observatorium	Observatorij
Scheune	Skedenj
Schule	Šola
Stadion	Stadion
Supermarkt	Supermarket
Theater	Gledališče
Turm	Stolp
Universität	Univerza
Zelt	Šotor

Gemüse
Zelenjava

Artischocke	Artičoka
Aubergine	Jajčevec
Blumenkohl	Cvetača
Brokkoli	Brokoli
Erbse	Grah
Gurke	Kumara
Ingwer	Ingver
Karotte	Korenje
Kartoffel	Krompir
Knoblauch	Česen
Kürbis	Buče
Olive	Oljke
Petersilie	Peteršilj
Pilz	Goba
Rübe	Repa
Salat	Solata
Sellerie	Zelena
Spinat	Špinača
Tomate	Paradižnik
Zwiebel	Čebula

Geographie
Geografija

Atlas	Atlas
Äquator	Ekvator
Berg	Gora
Fluss	Reka
Gebiet	Ozemlje
Hemisphäre	Polobla
Höhe	Višina
Insel	Otok
Karte	Zemljevid
Kontinent	Celina
Land	Država
Meer	Morje
Meridian	Poldnevnik
Norden	Sever
Ozean	Ocean
Region	Regija
Stadt	Mesto
Tropen	Tropi
Welt	Svet
West	Zahod

Geologie
Geologija

Erdbeben	Potres
Erosion	Erozija
Fossil	Fosil
Geschmolzen	Staljen
Geysir	Gejzir
Höhle	Votlina
Kalzium	Kalcij
Kontinent	Celina
Koralle	Korale
Lava	Lava
Mineralien	Minerali
Plateau	Plato
Quarz	Kremen
Salz	Sol
Säure	Kislina
Stalagmiten	Stalagmiti
Stalaktit	Stalaktit
Stein	Kamen
Vulkan	Vulkan
Zone	Cona

Geometrie
Geometrija

Anteil	Delež
Berechnung	Izračun
Dimension	Dimenzija
Dreieck	Trikotnik
Durchmesser	Premer
Gleichung	Enačba
Horizontal	Vodoravno
Höhe	Višina
Kreis	Krog
Kurve	Krivulja
Logik	Logika
Masse	Masa
Nummer	Številka
Oberfläche	Površina
Parallel	Vzporedno
Quadrat	Kvadrat
Segment	Segment
Symmetrie	Simetrija
Theorie	Teorija
Winkel	Kot

Geschäft
Poslovna

Arbeitgeber	Delodajalec
Budget	Proračun
Büro	Pisarna
Einkommen	Dohodek
Fabrik	Tovarna
Finanzieren	Finance
Geld	Denar
Geschäft	Trgovina
Gewinn	Dobiček
Investition	Naložbe
Karriere	Kariera
Kosten	Stroški
Manager	Menedžer
Mitarbeiter	Zaposleni
Rabatt	Popust
Steuern	Davki
Transaktion	Transakcija
Verkauf	Prodaja
Währung	Valuta
Wirtschaft	Ekonomija

Gesundheit und Wellness #1
Zdravje in Dobro Počutje

Aktiv	Aktivno
Apotheke	Lekarna
Arzt	Zdravnik
Bakterien	Bakterije
Behandlung	Zdravljenje
Entspannung	Sprostitev
Fraktur	Zlom
Gewohnheit	Navada
Haut	Koža
Höhe	Višina
Hunger	Lakota
Klinik	Klinika
Knochen	Kosti
Medizin	Zdravilo
Medizinisch	Medicinski
Nerven	Živci
Reflex	Refleks
Therapie	Terapija
Verletzung	Poškodba
Virus	Virus

Gesundheit und Wellness #2
Zdravje in Dobro Počutje

Allergie	Alergija
Anatomie	Anatomija
Appetit	Apetit
Blut	Kri
Diät	Dieta
Energie	Energija
Genetik	Genetika
Gesund	Zdrav
Gewicht	Teža
Hygiene	Higiena
Infektion	Okužba
Kalorie	Kalorij
Krankenhaus	Bolnišnica
Krankheit	Bolezen
Massage	Masaža
Risiken	Tveganja
Schlafen	Spanje
Sport	Šport
Stress	Stres
Vitamin	Vitamin

Gewürze
Začimbe

Anis	Janež
Bitter	Grenko
Curry	Curry
Fenchel	Koromač
Geschmack	Okus
Ingwer	Ingver
Kardamom	Kardamom
Knoblauch	Česen
Koriander	Koriander
Kreuzkümmel	Kumina
Kurkuma	Kurkuma
Paprika	Paprika
Pfeffer	Poper
Safran	Žafran
Salz	Sol
Sauer	Kislo
Süss	Sladko
Vanille	Vanilija
Zimt	Cimet
Zwiebel	Čebula

Globale Erwärmung
Globalno Segrevanje

Arktis	Arktika
Aufmerksamkeit	Pozornost
Bevölkerung	Populacije
Daten	Podatki
Energie	Energija
Entwicklung	Razvoj
Gas	Plin
Generationen	Generacije
Gesetzgebung	Zakonodaja
Industrie	Industrija
International	Mednarodno
Jetzt	Zdaj
Klima	Podnebje
Krise	Kriza
Lebensraum	Habitati
Regierung	Vlada
Temperaturen	Temperature
Umwelt	Okoljski
Wissenschaftler	Znanstvenik
Zukunft	Prihodnost

Haartypen
Vrste Las

Blond	Blond
Braun	Rjav
Dick	Debel
Dünn	Tanek
Geflochten	Pleteno
Gesund	Zdrav
Glänzend	Sijoče
Grau	Siva
Kahl	Plešast
Kurz	Kratek
Lang	Dolga
Locken	Kodri
Lockig	Kodrasti
Schwarz	Črna
Silber	Srebro
Trocken	Suha
Weich	Mehko
Weiss	Bela
Wellig	Valovita
Zöpfe	Kite

Haus
Hiša

Besen	Metla
Bibliothek	Knjižnica
Dach	Streha
Dachboden	Podstrešje
Decke	Strop
Dusche	Tuš
Fenster	Okno
Garage	Garaža
Garten	Vrt
Kamin	Kamin
Küche	Kuhinja
Lampe	Svetilka
Möbel	Pohištvo
Schlafzimmer	Spalnica
Schornstein	Dimnik
Spiegel	Ogledalo
Tür	Vrata
Wand	Zid
Zaun	Ograja
Zimmer	Soba

Ingenieurwesen
Inženirstvo

Achse	Os
Antrieb	Pogon
Berechnung	Izračun
Diagramm	Diagram
Diesel	Dizel
Durchmesser	Premer
Energie	Energija
Flüssigkeit	Tekočina
Getriebe	Zobniki
Hebel	Vzvodi
Konstruktion	Gradnja
Maschine	Stroj
Messung	Meritev
Motor	Motor
Stabilität	Stabilnost
Stärke	Moč
Struktur	Struktura
Tiefe	Globina
Verteilung	Distribucija
Winkel	Kot

Insekten
Žuželke

Ameise	Mravlja
Biene	Čebela
Blattlaus	Listna Uš
Floh	Bolha
Gottesanbeterin	Mantis
Heuschrecke	Kobilica
Hornisse	Sršen
Kakerlake	Ščurek
Käfer	Hrošč
Larve	Ličinka
Libelle	Kačji Pastir
Marienkäfer	Pikapolonica
Motte	Molj
Mücke	Komar
Schmetterling	Metulj
Termite	Termit
Wespe	Osa
Wurm	Črv
Zikade	Škržat

Jazz
Jazz

Album	Album
Alt	Star
Applaus	Aplavz
Berühmt	Slaven
Favoriten	Najljubši
Genre	Žanr
Improvisation	Improvizacija
Komponist	Skladatelj
Konzert	Koncert
Künstler	Umetnik
Lied	Pesem
Musik	Glasba
Musiker	Glasbeniki
Neu	Novo
Orchester	Orkester
Rhythmus	Ritem
Stil	Slog
Talent	Talent
Technik	Tehnika
Zusammensetzung	Sestava

Job-Fähigkeiten
Delovne Spretnosti

Anpassungsfähig	Prilagodljiv
Aufmerksam	Pozoren
Authentisch	Verodostojno
Bereit	Pripravljeni
Charismatisch	Karizmatično
Erfahren	Izkušen
Freundlich	Prijazna
Führung	Vodstvo
Gewidmet	Posvečen
Kommunikation	Sporočilo
Kooperativ	Zadruga
Kreativ	Kreativno
Management	Upravljanje
Organisiert	Organizirano
Respektvoll	Spoštljiv
Unabhängig	Neodvisna
Verantwortlich	Odgovoren
Wirksam	Učinkovito
Zuverlässig	Zanesljiv

Kleidung
Oblačila

Armband	Zapestnica
Bluse	Bluza
Gürtel	Pas
Halskette	Ogrlica
Handschuhe	Rokavice
Hemd	Srajca
Hose	Hlače
Hut	Klobuk
Jacke	Jakna
Jeans	Kavbojke
Kleid	Obleka
Mantel	Plašč
Mode	Moda
Pullover	Pulover
Rock	Krilo
Schal	Šal
Schlafanzug	Pižame
Schmuck	Nakit
Schuh	Čevelj
Schürze	Predpasnik

Krankheit
Bolezen

Akut	Akutna
Allergien	Alergije
Ansteckend	Nalezljiv
Atemwege	Dihalne
Bakteriell	Bakterijske
Chronisch	Kronična
Entzündung	Vnetje
Erblich	Dedno
Genetisch	Genski
Gesundheit	Zdravje
Herz	Srce
Immunität	Imunost
Knochen	Kosti
Körper	Telo
Neuropathie	Nevropatija
Schwach	Slab
Sinus	Sinus
Syndrom	Sindrom
Therapie	Terapija
Wellness	Wellness

Kräuterkunde
Zeliščarstvo

Aromatisch	Aromatično
Basilikum	Bazilika
Blume	Cvet
Dill	Koper
Estragon	Pehtran
Fenchel	Koromač
Garten	Vrt
Geschmack	Okus
Grün	Zelena
Knoblauch	Česen
Kulinarisch	Kulinarika
Lavendel	Sivka
Majoran	Majaron
Petersilie	Peteršilj
Qualität	Kakovost
Rosmarin	Rožmarin
Safran	Žafran
Thymian	Timijan
Vorteilhaft	Koristno
Zutat	Sestavina

Kreativität
Ustvarjalnost

Ausdruck	Izraz
Authentizität	Pristnost
Bild	Slika
Dramatisch	Dramatično
Eindruck	Vtis
Erfinderisch	Iznajdljiv
Fähigkeit	Spretnost
Flüssigkeit	Fluidnost
Gefühle	Občutki
Ideen	Ideje
Inspiration	Navdih
Intensität	Intenzivnost
Intuition	Intuicija
Klarheit	Jasnost
Künstlerisch	Umetniška
Phantasie	Domišljija
Sensation	Občutek
Spontan	Spontano
Visionen	Vizije
Vitalität	Vitalnost

Kunst Liefert
Potrebščine za Umetnine

Acryl	Akril
Bleistifte	Svinčniki
Buntstifte	Barvice
Bürsten	Ščetke
Farben	Barve
Holzkohle	Oglje
Ideen	Ideje
Kamera	Fotoaparat
Kreativität	Ustvarjalnost
Leim	Lepilo
Öl	Olje
Papier	Papir
Radiergummi	Radirka
Staffelei	Stojalo
Stuhl	Stol
Tabelle	Tabela
Tinte	Črnilo
Ton	Glina
Wasser	Voda

Küche
Kuhinja

Essen	Hrana
Essstäbchen	Palčke
Gabeln	Vilice
Gefrierschrank	Zamrzovalnik
Gewürze	Začimbe
Grill	Žar
Kelle	Zajemalka
Krug	Vrč
Kühlschrank	Hladilnik
Löffel	Žlice
Messer	Noži
Ofen	Pečica
Rezept	Recept
Schürze	Predpasnik
Schüssel	Skleda
Schwamm	Goba
Serviette	Prtiček
Tassen	Skodelice
Wasserkocher	Kotliček

Landschaften
Pokrajine

Berg	Gora
Eisberg	Ledena Gora
Fluss	Reka
Geysir	Gejzir
Gletscher	Ledenik
Halbinsel	Polotok
Höhle	Jama
Hügel	Hrib
Insel	Otok
Lagune	Laguna
Meer	Morje
Oase	Oaza
See	Jezero
Strand	Plaža
Sumpf	Močvirje
Tal	Dolina
Tundra	Tundra
Vulkan	Vulkan
Wasserfall	Slap
Wüste	Puščava

Länder #1
Države #1

Ägypten	Egipt
Brasilien	Brazilija
Deutschland	Nemčija
Finnland	Finska
Indien	Indija
Irak	Irak
Israel	Izrael
Italien	Italija
Kambodscha	Kambodža
Kanada	Kanada
Lettland	Latvija
Mali	Mali
Nicaragua	Nikaragva
Norwegen	Norveška
Polen	Poljska
Rumänien	Romunija
Senegal	Senegal
Spanien	Španija
Venezuela	Venezuela
Vietnam	Vietnam

Länder #2
Države #2

Albanien	Albanija
Äthiopien	Etiopija
Frankreich	Francija
Griechenland	Grčija
Haiti	Haiti
Irland	Irska
Jamaika	Jamajka
Japan	Japonska
Kenia	Kenija
Laos	Laos
Liberia	Liberija
Mexiko	Mehika
Nepal	Nepal
Nigeria	Nigerija
Pakistan	Pakistan
Russland	Rusija
Sudan	Sudan
Syrien	Sirija
Uganda	Uganda
Ukraine	Ukrajina

Literatur
Literatura

Analogie	Analogija
Analyse	Analiza
Anekdote	Anekdota
Autor	Avtor
Beschreibung	Opis
Biographie	Biografija
Dialog	Dialog
Fiktion	Fikcija
Gedicht	Pesem
Genre	Žanr
Metapher	Metafora
Poetisch	Poetično
Reim	Rima
Rhythmus	Ritem
Roman	Roman
Schlussfolgerung	Sklep
Stil	Slog
Thema	Tema
Tragödie	Tragedija
Vergleich	Primerjava

Mathematik
Matematika

Arithmetik	Aritmetika
Bruchteil	Ulomek
Dezimal	Decimalno
Dreieck	Trikotnik
Durchmesser	Premer
Exponent	Eksponent
Geometrie	Geometrija
Gleichung	Enačba
Kugel	Sfera
Parallel	Vzporedno
Parallelogramm	Paralelogram
Polygon	Poligon
Quadrat	Kvadrat
Radius	Polmer
Rechteck	Pravokotnik
Senkrecht	Pravokotno
Summe	Vsota
Symmetrie	Simetrija
Umfang	Obseg
Winkel	Koti

Meditation
Meditacija.

Annahme	Sprejem
Atmung	Dihanje
Aufmerksamkeit	Pozornost
Bewegung	Gibanje
Dankbarkeit	Hvaležnost
Einblick	Vpogled
Freundlichkeit	Prijaznost
Frieden	Mir
Gedanken	Misli
Geistig	Duševno
Glück	Sreča
Klarheit	Jasnost
Mitgefühl	Sočutje
Musik	Glasba
Natur	Narava
Perspektive	Perspektiva
Ruhig	Miren
Stille	Tišina
Verstand	Um
Wach	Buden

Menschlicher Körper
Človeško Telo

Bein	Noga
Blut	Kri
Ellbogen	Komolec
Finger	Prst
Gehirn	Možgani
Gesicht	Obraz
Hals	Vrat
Hand	Roka
Haut	Koža
Herz	Srce
Kiefer	Čeljust
Kinn	Brada
Knie	Koleno
Knöchel	Gleženj
Kopf	Glava
Mund	Usta
Nase	Nos
Ohr	Uho
Schulter	Rama
Zunge	Jezik

Messungen
Meritve

Breite	Širina
Byte	Bajt
Dezimal	Decimalno
Gewicht	Teža
Grad	Stopnja
Gramm	Gram
Höhe	Višina
Kilogramm	Kilogram
Kilometer	Kilometer
Länge	Dolžina
Liter	Liter
Masse	Masa
Meter	Meter
Minute	Minuta
Tiefe	Globina
Tonne	Ton
Unze	Unča
Zentimeter	Centimeter
Zoll	Palca

Musik
Glasba

Album	Album
Ballade	Balada
Chor	Refren
Harmonie	Harmonija
Harmonisch	Harmonično
Improvisieren	Improvizirati
Instrument	Instrument
Klassisch	Klasična
Lyrisch	Lirično
Melodie	Melodija
Mikrofon	Mikrofon
Musical	Glasbeni
Musiker	Glasbenik
Oper	Opera
Poetisch	Poetično
Rhythmisch	Ritmičen
Rhythmus	Ritem
Sänger	Pevec
Singen	Peti
Tempo	Tempo

Musikinstrumente
Glasbila

Banjo	Banjo
Cello	Violončelo
Fagott	Fagot
Flöte	Flavta
Geige	Violina
Gitarre	Kitara
Glockenspiel	Zvončki
Gong	Gong
Harfe	Harfa
Klarinette	Klarinet
Klavier	Klavir
Mandoline	Mandolina
Mundharmonika	Orglice
Oboe	Oboa
Posaune	Trombon
Saxophon	Saksofon
Schlagzeug	Tolkala
Tamburin	Tamburin
Trommel	Boben
Trompete	Trobenta

Mythologie
Mitologija

Archetyp	Arhetip
Blitz	Strele
Donner	Grom
Eifersucht	Ljubosumje
Held	Junak
Himmel	Nebesa
Katastrophe	Katastrofa
Kreation	Ustvarjanje
Kreatur	Bitje
Krieger	Bojevnik
Kultur	Kultura
Labyrinth	Labirint
Legende	Legenda
Magisch	Čarobno
Monster	Pošast
Rache	Maščevanje
Stärke	Moč
Sterblich	Smrtni
Unsterblichkeit	Nesmrtnost
Verhalten	Vedenje

Natur
Narava

Arktis	Arktika
Berge	Gore
Bienen	Čebele
Dynamisch	Dinamično
Erosion	Erozija
Fluss	Reka
Friedlich	Mirno
Gletscher	Ledenik
Heiligtum	Svetišče
Heiter	Vedro
Laub	Listje
Nebel	Megla
Schönheit	Lepota
Tiere	Živali
Tropisch	Tropski
Wald	Gozd
Wild	Divji
Wolken	Oblaki
Wüste	Puščava

Obst
Sadje

Ananas	Ananas
Apfel	Jabolko
Aprikose	Marelica
Avocado	Avokado
Banane	Banana
Beere	Jagodičje
Birne	Hruška
Brombeere	Robida
Himbeere	Malina
Kirsche	Češnja
Kiwi	Kivi
Kokosnuss	Kokos
Melone	Melona
Nektarine	Nektarin
Orange	Oranžna
Papaya	Papaja
Pfirsich	Breskev
Pflaume	Sliva
Traube	Grozdje
Zitrone	Limona

Ozean
Ocean

Aal	Jegulja
Auster	Ostrige
Boot	Čoln
Delfin	Delfin
Fisch	Ribe
Garnele	Kozica
Gezeiten	Plimovanje
Hai	Morski Pes
Koralle	Korale
Krabbe	Rak
Krake	Hobotnica
Qualle	Meduze
Riff	Greben
Salz	Sol
Schildkröte	Želva
Schwamm	Goba
Sturm	Nevihta
Thunfisch	Tuna
Wal	Kit
Wellen	Valovi

Ökologie
Ekologija

Art	Vrste
Berge	Gore
Dürre	Suša
Fauna	Favna
Flora	Flora
Freiwillige	Prostovoljci
Gemeinschaft	Skupnosti
Global	Globalno
Klima	Podnebje
Lebensraum	Habitat
Marine	Morski
Nachhaltig	Trajnostno
Natur	Narava
Natürlich	Naravni
Pflanzen	Rastline
Ressourcen	Viri
Sumpf	Močvirje
Überleben	Preživetje
Vegetation	Vegetacija
Vielfalt	Raznolikost

Pflanzen
Rastline

Bambus	Bambus
Baum	Drevo
Beere	Jagodičje
Blume	Cvet
Blütenblatt	Cvetni List
Bohne	Fižol
Botanik	Botanika
Busch	Grm
Dünger	Gnojilo
Efeu	Bršljan
Flora	Flora
Garten	Vrt
Gras	Trava
Kaktus	Kaktus
Kraut	Zelišča
Laub	Listje
Moos	Mah
Vegetation	Vegetacija
Wald	Gozd
Wurzel	Koren

Philanthropie
Filantropija

Brauchen	Potreba
Ehrlichkeit	Poštenost
Finanzieren	Finance
Gemeinschaft	Skupnost
Geschichte	Zgodovina
Global	Globalno
Grosszügigkeit	Velikodušnost
Gruppen	Skupine
Jugend	Mladina
Kinder	Otroci
Kontakte	Stiki
Menschen	Ljudje
Menschheit	Človeštvo
Mission	Misija
Mittel	Sredstva
Nächstenliebe	Dobrodelnost
Öffentlich	Javno
Programme	Programi
Ziele	Cilji

Physik
Fizika

Atom	Atom
Beschleunigung	Pospešek
Chaos	Kaos
Chemisch	Kemikalija
Dichte	Gostota
Elektron	Elektron
Experiment	Poskus
Formel	Formula
Frequenz	Frekvenca
Gas	Plin
Geschwindigkeit	Hitrost
Magnetismus	Magnetizem
Masse	Masa
Mechanik	Mehanika
Molekül	Molekula
Motor	Motor
Nuklear	Jedrsko
Partikel	Delec
Relativität	Relativnost
Universal	Univerzalno

Psychologie
Psihologija

Bewertung	Ocena
Bewusstlos	Nezavesten
Ego	Ego
Einflüsse	Vplivi
Erinnerungen	Spomini
Gedanken	Misli
Ideen	Ideje
Kindheit	Otroštvo
Klinisch	Klinični
Konflikt	Konflikt
Persönlichkeit	Osebnost
Problem	Problem
Sensation	Občutek
Termin	Imenovanje
Therapie	Terapija
Träume	Sanje
Unterbewusstsein	Podzavest
Verhalten	Vedenje
Wahrnehmung	Percepcija
Wirklichkeit	Resničnost

Regierung
Država

Bezirk	Okraj
Demokratie	Demokracija
Denkmal	Spomenik
Diskussion	Diskusija
Freiheit	Svoboda
Friedlich	Mirno
Führer	Vodja
Gerechtigkeit	Pravičnost
Gesetz	Pravo
Gleichheit	Enakost
Justiziell	Sodni
Nation	Država
National	Nacionalni
Politik	Politika
Rechte	Pravice
Rede	Govor
Symbol	Simbol
Unabhängigkeit	Neodvisnost
Verfassung	Ustava
Zivil	Civilno

Restaurant #2
Restavracija #2

Abendessen	Večerja
Eis	Led
Fisch	Ribe
Frucht	Sadje
Gabel	Vilice
Gemüse	Zelenjava
Getränk	Pijača
Gewürze	Začimbe
Kellner	Natakar
Köstlich	Odlično
Kuchen	Torta
Löffel	Žlica
Mittagessen	Kosilo
Nudeln	Rezanci
Salat	Solata
Salz	Sol
Stuhl	Stol
Suppe	Juha
Vorspeise	Predjed
Wasser	Voda

Säugetiere
Sesalci

Affe	Opica
Bär	Medved
Biber	Bober
Elefant	Slon
Fuchs	Lisica
Giraffe	Žirafa
Gorilla	Gorila
Hund	Pes
Känguru	Kenguru
Kojote	Kojot
Löwe	Lev
Panther	Puma
Pferd	Konj
Ratte	Podgana
Schaf	Ovce
Stier	Bik
Tiger	Tiger
Wal	Kit
Wolf	Volk
Zebra	Zebra

Schokolade
Čokolada

Antioxidans	Antioksidant
Aroma	Aroma
Bitter	Grenko
Erdnüsse	Arašidi
Essen	Jesti
Exotisch	Eksotično
Favorit	Najljubši
Geschmack	Okus
Kakao	Cacao
Kalorien	Kalorij
Karamell	Karamela
Kokosnuss	Kokos
Köstlich	Odlično
Pulver	Prah
Qualität	Kakovost
Rezept	Recept
Süss	Sladko
Verlangen	Hrepenenje
Zucker	Sladkor
Zutat	Sestavina

Schönheit
Lepota

Anmut	Milost
Charme	Čar
Dienstleistungen	Storitve
Duft	Dišava
Elegant	Elegantno
Eleganz	Elegance
Farbe	Barva
Fotogen	Fotogenično
Glatt	Gladko
Haut	Koža
Kosmetik	Kozmetika
Lippenstift	Šminka
Locken	Kodri
Öle	Olja
Produkte	Izdelkov
Schere	Škarje
Shampoo	Šampon
Spiegel	Ogledalo
Stylist	Stilist
Wimperntusche	Maskara

Science Fiction
Znanstvena Fantastika.

Bücher	Knjige
Dystopie	Distopija
Explosion	Eksplozija
Extrem	Ekstremno
Fantastisch	Fantastično
Feuer	Požar
Futuristisch	Futuristično
Galaxie	Galaksija
Geheimnisvoll	Skrivnostno
Illusion	Iluzija
Imaginär	Imaginarno
Kino	Kino
Orakel	Orakelj
Planet	Planet
Realistisch	Realističen
Roboter	Roboti
Szenario	Scenarij
Technologie	Tehnologija
Utopie	Utopija
Welt	Svet

Stadt
Mesto

Apotheke	Lekarna
Bank	Banka
Bäckerei	Pekarna
Bibliothek	Knjižnica
Blumenhändler	Cvetličar
Buchhandlung	Knjigarna
Flughafen	Letališče
Galerie	Galerija
Hotel	Hotel
Kino	Kino
Klinik	Klinika
Markt	Trg
Museum	Muzej
Restaurant	Restavracija
Schule	Šola
Stadion	Stadion
Supermarkt	Supermarket
Theater	Gledališče
Universität	Univerza
Zoo	Živalski Vrt

Tage und Monate
Dnevi in Meseci

August	Avgust
Dezember	December
Dienstag	Torek
Donnerstag	Četrtek
Februar	Februar
Freitag	Petek
Jahr	Leto
Januar	Januar
Juli	Julij
Juni	Junij
Kalender	Koledar
Mittwoch	Sreda
Monat	Mesec
Montag	Ponedeljek
November	November
Oktober	Oktober
Samstag	Sobota
September	September
Sonntag	Nedelja
Woche	Teden

Tanzen
Pleši

Akademie	Akademija
Anmut	Milost
Ausdrucksvoll	Izrazno
Bewegung	Gibanje
Choreographie	Koreografija
Emotion	Čustvo
Freudig	Veselo
Haltung	Drža
Klassisch	Klasična
Körper	Telo
Kultur	Kultura
Kulturell	Kulturni
Kunst	Umetnost
Musik	Glasba
Partner	Partner
Probe	Vaja
Rhythmus	Ritem
Traditionell	Tradicionalno
Visuell	Vizualno

Technologie
Tehnologija

Anzeige	Prikaz
Bildschirm	Zaslon
Blog	Blog
Browser	Brskalnik
Bytes	Bajti
Computer	Računalnik
Cursor	Kurzor
Datei	Mapa
Daten	Podatki
Digital	Digitalno
Forschung	Raziskave
Internet	Internet
Kamera	Fotoaparat
Nachricht	Sporočilo
Schriftart	Pisava
Sicherheit	Varnost
Statistik	Statistika
Virtuell	Virtualno
Virus	Virus

Urlaub #2
Počitniški #2

Ausländer	Tujec
Ausländisch	Tuj
Camping	Kampiranje
Flughafen	Letališče
Freizeit	Prosti Čas
Hotel	Hotel
Insel	Otok
Karte	Zemljevid
Meer	Morje
Pass	Potni List
Reise	Potovanje
Restaurant	Restavracija
Strand	Plaža
Taxi	Taksi
Transport	Prevoz
Urlaub	Počitnice
Visum	Vizum
Zelt	Šotor
Ziel	Cilj
Zug	Vlak

Vögel
Ptice

Adler	Orel
Ei	Jajce
Ente	Raca
Eule	Sova
Flamingo	Flamingo
Gans	Gos
Huhn	Piščanec
Krähe	Vrana
Kuckuck	Kukavica
Möwe	Galeb
Papagei	Papiga
Pelikan	Pelikan
Pfau	Pav
Pinguin	Pingvin
Rabe	Raven
Reiher	Čaplja
Schwan	Labod
Spatz	Vrabec
Storch	Štorklja
Taube	Golob

Wandern
Pohodništvo

Berg	Gora
Camping	Kampiranje
Führer	Vodniki
Gefahren	Nevarnosti
Gipfel	Vrh
Karte	Zemljevid
Klima	Podnebje
Müde	Utrujen
Natur	Narava
Orientierung	Orientacija
Parks	Parki
Schwer	Težka
Sonne	Sonce
Steine	Kamni
Stiefel	Škornji
Tiere	Živali
Vorbereitung	Priprava
Wasser	Voda
Wetter	Vreme
Wild	Divji

Wasser
Voda

Bewässerung	Namakanje
Dampf	Para
Dusche	Prha
Eis	Led
Feucht	Vlažno
Feuchtigkeit	Vlaga
Fluss	Reka
Flut	Poplava
Frost	Zmrzal
Geysir	Gejzir
Hurrikan	Orkan
Kanal	Kanal
Monsun	Monsun
Ozean	Ocean
Regen	Dež
Schnee	Sneg
See	Jezero
Trinkbar	Pitno
Verdunstung	Izparevanje
Wellen	Valovi

Wetter
Vreme

Atmosphäre	Atmosfera
Blitz	Strele
Brise	Vetrič
Donner	Grom
Dürre	Suša
Eis	Led
Himmel	Nebo
Hurrikan	Orkan
Klima	Podnebje
Monsun	Monsun
Nebel	Megla
Polar	Polarni
Regenbogen	Mavrica
Sturm	Nevihta
Temperatur	Temperatura
Tornado	Tornado
Trocken	Suha
Tropisch	Tropski
Wind	Veter
Wolke	Oblak

Wissenschaft
Znanost

Atom	Atom
Chemisch	Kemikalija
Daten	Podatki
Evolution	Evolucija
Experiment	Poskus
Fossil	Fosil
Hypothese	Hipoteza
Klima	Podnebje
Labor	Laboratorij
Methode	Metoda
Mineralien	Minerali
Moleküle	Molekule
Natur	Narava
Organismus	Organizem
Partikel	Delci
Pflanzen	Rastline
Physik	Fizika
Schwerkraft	Gravitacija
Tatsache	Dejstvo
Wissenschaftler	Znanstvenik

Wissenschaftliche Disziplinen
Znanstvene Discipline

Anatomie	Anatomija
Archäologie	Arheologija
Astronomie	Astronomija
Biochemie	Biokemija
Biologie	Biologija
Botanik	Botanika
Chemie	Kemija
Geologie	Geologija
Immunologie	Imunologija
Kinesiologie	Kineziologija
Linguistik	Jezikoslovje
Mechanik	Mehanika
Mineralogie	Mineralogija
Neurologie	Nevrologija
Ökologie	Ekologija
Physiologie	Fiziologija
Psychologie	Psihologija
Soziologie	Sociologija
Thermodynamik	Termodinamika
Zoologie	Zoologija

Zahlen
Številke

Acht	Osem
Achtzehn	Osemnajst
Dezimal	Decimalno
Drei	Tri
Dreizehn	Trinajst
Fünf	Pet
Fünfzehn	Petnajst
Neun	Devet
Neunzehn	Devetnajst
Null	Nič
Sechs	Šest
Sechzehn	Šestnajst
Sieben	Sedem
Siebzehn	Sedemnajst
Vier	Štiri
Vierzehn	Štirinajst
Zehn	Deset
Zwanzig	Dvajset
Zwei	Dva
Zwölf	Dvanajst

Zeit
Čas

Früh	Zgodaj
Gestern	Včeraj
Heute	Danes
Jahr	Leto
Jahrhundert	Stoletje
Jahrzehnt	Desetletje
Jährlich	Letni
Jetzt	Zdaj
Kalender	Koledar
Minute	Minuta
Mittag	Opoldne
Monat	Mesec
Morgen	Jutro
Nach	Po
Nacht	Noč
Tag	Dan
Uhr	Ura
Vor	Pred
Woche	Teden
Zukunft	Prihodnost

Gratuliere

Sie haben es geschafft !!

Wir hoffen, dass euch dieses Buch genauso viel Spaß gemacht hat wie uns dessen Herstellung. Wir tun unser Bestes, um qualitativ hochwertige Spiele zu erfinden. Diese Rätsel sind auf eine clevere Art und Weise entworfen, damit sie aktiv lernen und daran Vergnügen finden.

Hat ihnen das Buch gefallen ?

Eine einfache Bitte

Unsere Bücher existieren dank der Rezensionen, die sie veröffentlichen. Können sie uns helfen indem sie jetzt eine Meinung hinterlassen ?

Hier ist ein kurzer Link, der Sie zu ihrer Bewertungsseite führt

BestBooksActivity.com/Rezension50

MONSTER HERAUSFÖRDERUNGEN !

Herausförderung 1

Bereit für ihr Bonusspiel? Wir verwenden sie ständig, aber sie sind nicht einfach zu finden. Es sind die Synonyme !

Notieren sie 5 Wörter, die sie in den untenstehenden Rätseln (Nummer 21, 36 und 76) entdeckt haben und versuchen sie für jedes Wort 2 Synonyme zu finden .

Notieren sie 5 Wörter aus Rätsel 21

Wörter	Synonym 1	Synonym 2

Notieren sie 5 Wörter aus Rätsel 36

Wörter	Synonym 1	Synonym 2

Notieren sie 5 Wörter aus Rätsel 76

Wörter	Synonym 1	Synonym 2

Herausförderung 2

Jetzt, wo sie warm sind, notieren sie 5 Wörter, die sie in jedem der untenaufgeführten Rätseln entdeckt haben (Nummer 9, 17 und 25) und versuchen sie für jedes Wort 2 Antonyme zu finden. Wie viele davon können sie binnen 20 Minuten finden ?

Notieren sie 5 Wörter aus **Rätsel 9**

Wörter	Antonym 1	Antonym 2

Notieren sie 5 Wörter aus **Rätsel 17**

Wörter	Antonym 1	Antonym 2

Notieren sie 5 Wörter aus **Rätsel 25**

Wörter	Antonym 1	Antonym 2

Herausförderung 3

Wunderbar, diese Monster Herausförderung  wird kein Problem für sie sein !

Bereit für die letzte Herausförderung? Wählen sie ihre 10 Lieblingswörter aus, die sie in einem Rätsel entdeckt haben und notieren sie sie unten.

1.	6.
2.	7.
3.	8.
4.	9.
5.	10.

Die Aufgabe besteht nun darin mit diesen Wörtern und in maximal sechs Sätzen einen Text herzustellen über eine Person, ein Tier oder ein Ort den sie lieben !

Tipp : sie können die letzten leeren Seiten dieses Buches als Entwurf verwenden

Ihr Schreiben :

NOTIZBUCH :

AUF BALDIGES WIEDERSEHEN !

Linguas Classics

www.ingramcontent.com/pod-product-compliance
Lightning Source LLC
Chambersburg PA
CBHW080129150626
46550CB00018B/3135